本当の宗教の見分け方

日本の宗教のあれ?と思うこと!

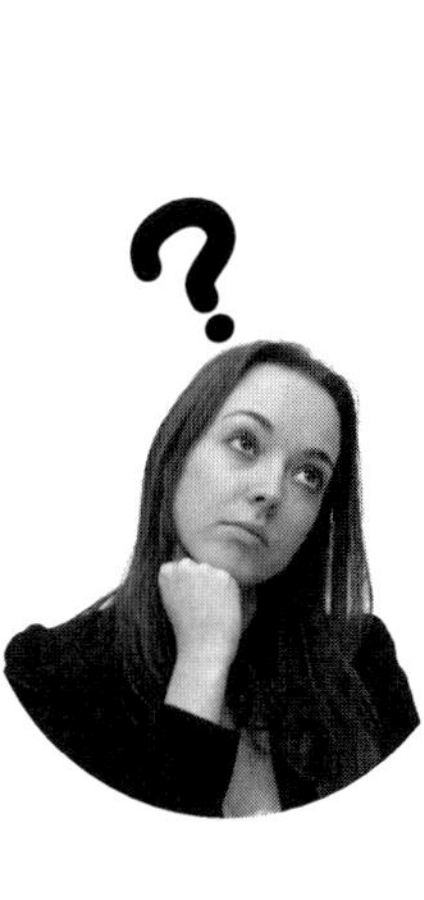

イーグレープ

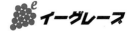

世に多くの宗教があり、
日本の人口を超える宗教人口が存在する。
でも、全部が本当の宗教だろうか。
一人がいくつもの宗教を持つことが
本当に信心深いのだろうか。

本当の宗教が
ちょっとおかしくなっている？

『平成』から『令和』になりました。
ちょっと宗教について視点を変えて見ませんか？

信仰は一度疑ってから信じましょう。

＊信じ拝む前に、ご本尊は何かを知りましょう。
＊教祖が信じた宗教の歴史を科学的に調べてみましょう。
＊超常現象や心霊現象を作為的でないか観察しましょう。
＊祭り行事も、古いしきたりと決めず、由来の真実を知りましょう。

この本は初めから読まなくても、目次を見て興味のあるものからお読みください。

牧師が垣間見て「宗教のあれ？」と思うことを書いてみました。

牧師　アブシャロム・ヤコブ

目次

人口より多い宗教……10
宗教という言葉ができたわけ……13
宗教はみな同じと考えている日本人……20
何でも拝む日本人……25
何にでも霊があると思っている日本人……31
縁起の判断、「六輝」「六曜」を誤解している日本人……33
御利益とは……37
修行するとは……40
お守りがある理由……45
お守りは駄じゃれで発行……50
お上《かみ》さんとお神《かみ》さん……54
水子供養のこと……62

お盆のこと……66
盆踊りのこと……70
お地蔵さんの救済の教義は、仏教にはない（地蔵盆のことも）……72
仏教の教えは無霊魂説（無神論）……78
仏教は葬式をしないのが本当？……83
戒名は生きている時にもらうもの。死ぬと意味がない……86
仏壇ができたのは江戸時代から……91
お墓ができた理由……94
仏陀の来世がない教えに、不服で生まれた三時業……96
地獄を恐れる日本人……102
地獄があることは独裁者に都合がよい……107
極楽浄土に行きたいですか？……111
輪廻転生から解脱《げだつ》すれば涅槃《ねはん》になれない……114
救い主、如来様がいるところ……119

教祖が生まれるときは……122
① 女の場合……122
② 男の場合……124
お金が儲かる教祖の姿とは……126
① 変な姿をして、
高圧的にわけのわからぬ言葉を発すればよい……126
② 霊の存在を信じさせ、脅してやればよい……128
③ 教えが常識はずれであればあるほどよい……130
④ その人が持つ後ろめたさ、
卑下していることが判ればよい……131
気をつけるところ……133
① 欲があると偽宗教に引っかかる……133
② 願いを聞く神仏が、良いとは限らない……134

いかなる宗教も六つの神観に分類される……136
①　多神教とは……136
②　汎神論とは……138
③　アニミズム（霊魂主義）とは……139
④　シャーマニズム（呪術主義）とは……142
⑤　無神論という宗教……145
⑥　一神教……148
罪意識がない日本人……152
①　四種類の罪……154
②　罪悪感と罪意識の感覚……155
キリスト教の神とは……156
あとがき（信じるとは）……162
付録　諏訪神社の御頭祭……170
参考書、引用本……175

願わくば、この小文を通じて、宗教とは何かに目覚め、愚かな霊への恐れや、占いや迷信に、心が動揺させられずに、日常生活を平常心で過ごし、幸せな生き方を過ごしていただきたいと願います。

反対に人を欺いて、宗教を商売にして、縁起物、霊的グッズを売る人は、読まれたら反発するでしょう。怒る人は偽らず正直に生きていただきたいのです。読者の皆さんが賢く冷静になって、偽りの教祖を見抜き、何でも拝む愚かな行為を控え、本当の救い、幸せになる宗教とは何かを認識していただきたいと思っています。

本当の宗教の見分け方

牧師が見て、各宗教のあれ？と思うことを書いています。
宗教のルーツを見て、あれ？と思う出来事を書いています。
宗教の原典から見て、今の状況のあれ？と思うことを書いています。

人口より多い宗教

世の中には宗教がいっぱいあります。特に、日本には種々雑多な、宗教宗派があり過ぎるほどです。どうしてこんなに多くの宗教が生まれてくるのでしょうか。

大昔、宗教は一つであったと言われています。近年になればなるほど多くの宗教者が現れ、新しい宗教団体が生まれていると、ある学者が言いました。

今や、一年に百以上の新宗教が誕生。宗教法人取得の手続きが行われようとしているそうです。人間一人おれば、一つの宗教があると言える程です。こんなに多くなりますと、信じたい気持が生じても、「イワシの頭も信心から」だと言って、何でも信じていいわけでもないと思いますし、

節分に出す魔除けのイワシと柊

宗教がありすぎるために、かえって信じたくない気持ちが生じてきます。もしそれでも、信じるとしたら、その中でどれを信じたら、本当にいいのでしょうか。医者を選ぶより難しいと言われています。

ただ、医者の場合はケガをすればあそこがいい、風邪を引けばそこがいいと、おおむね選ぶことができます。

しかし、宗教となると、交通安全はあそこ、安産はあそこ、痛い足が治る、頭がよくなる、先祖霊に背後霊、狐つき、等々。宗教を選ぶ前に、自分に合った宗教は何か、占ってもらわなければならないありさまです。一応、分業のような宗教があるので、困った時に行くところもほぼ捜して行けるかもしれませんが、反対に、コンビニのように、あらゆる商品を並べ、無病息災、家内安全から、人生相談、病気の治療から学校入試相談まで、果てはペットの悩み相談まで、一手に引き受け、何でもOKの社寺があり、悩みに応じたお守りを購入することで解消すると言った所が多いのです。こうなると、一人の医者が脳神経科も肛門科も内科、耳鼻科、産婦人科、骨折まで、あらゆるものを一人で診断し、手術もできるとなると、どうもヤブっぽいものとなるように、交通安全から恋の成就、ガン治療、腫れもの《デンボ》の治療まで、医者を超えてよろず相談の宗教団体が、素晴らしい良い宗教と考えていいのか、ちょっと疑問になります。また、宗教法人格を持っているから、必ずしも、正しいと言えるのか、も疑問です。今は各宗教団体もホームページを開設しています。教祖の生い立ち、設立の切っ掛けなどが調べられます。直接相談して説得されると、信徒にさせられる場合が多いようです。

ちょっと古いデータですが、政府発行の宗教年鑑を見ると、平成二十一年日本人口が一億一千万人であるのに対し、宗教人口が二億七百三十万人を超えているのです。赤ちゃんを含めてのこの数字は何を物語るのでしょうか？　神社仏閣が偽って報告しているのでしょうか？　そうではなく、ほとんどの宗教は、信徒という明文はないために、実数はわからないのです。例えば、神社に参拝すれば、土地の神なので、管轄の土地に住む人が全員その神社の信徒になるそうです。他宗教者であろうと、信仰のあるなしにかかわらず、そこの神社の氏子に了解なしになっているのです。そのために法律では町会費を宗教施設へ寄進することは違反であると定められているのに、町内の人は全員神社信徒だから、町会費から納められているところが多いと伺いました。また、お寺としては参拝に来た人が見学だけであろうと、初詣、観光であろうと誰でもよく、敷地に入り、参拝に来た人が信徒数として報告されるとも言われました。天理教では信者という明文化はなく、「用木（ようぼく）」と言われている人が計上されていると聞きました。つまり別席という通過儀礼を受けた人で、九回話を聞いた人で、信じる信じ

（各年12月31日現在）

区分／年次	宗教法人				合計	教師	信者
	包括宗教法人	単位宗教法人					
		被包括宗教法人	単立宗教法人	小計			
平成20年	399	175, 592	6, 610	182, 202	182, 601	677, 146	207, 183, 223
平成21年	400	175, 457	6, 664	182, 121	182, 521	678, 980	207, 304, 920
平成22年	399	175, 292	6, 705	181, 997	182, 396	676, 541	199, 617, 278
平成23年	398	175, 112	6, 743	181, 855	182, 253	654, 297	196, 890, 529
平成24年	397	174, 959	6, 844	181, 803	182, 200	665, 895	197, 100, 835
平成25年	399	174, 671	6, 891	181, 562	181, 961	696, 971	190, 176, 262
平成26年	399	174, 476	6, 935	181, 411	181, 810	685, 867	190, 219, 862
平成27年	399	174, 275	6, 971	181, 246	181, 645	655, 891	188, 892, 506
平成28年	399	174, 058	7, 040	181, 098	181, 497	650, 679	182, 266, 404
平成29年	399	173, 774	7, 079	180, 853	181, 252	657, 238	181, 164, 731

第７表　過去10年間における主要数値の推移

ないは関係ないそうです。他の諸宗教団体のホームページを見ても明確な入信の仕方は述べられていません。キリスト教では、洗礼を受けた人が信徒として認められ、人数に加えられることで明白な会員数となります。ですから教会に出席しているだけでは信徒数に入りませんし、観光で見学のために礼拝に出たから信徒であると数えません。このような方法であらゆる宗教団体も数を数えるならば、絶対に人口より信者数が多くなることはないのです。

宗教という言葉ができたわけ

宗教は昔からあったわけではありません。と言いますとみんな、あれ！と思われるでしょう。実は、「宗教」という言葉が使われ出した歴史を調べますと、明治からのようです。「宗教」という言葉そのものは本来「根本となる教え」を意味する仏教用語であったのですが、明治初年から英語の religion などの訳語として用いられるようになったのです。religion の語源はラテン語の religio で、超自然的存在に対する畏怖の感情とそれを表現する儀礼などの行為を意味していたようです。古代ヨーロッパにおいて、キリスト教圏の成立と共に教義、儀礼の体系を有する宗教集団を指す言葉となりました。

religion の訳語としての宗教は仏教・キリスト教・イスラム教など個々の宗教を総称する類概念であり、近代以前の用語で言う「宗旨」「宗門」「教法」などとほぼ対応していました。

しかし、明治以降の近代化に進み出した後半に、自国防衛軍だった武器を持つ軍（今の自衛隊？）が台頭し、その力を権力にし、民主的な総理を暗殺して、軍を率いるトップが、政治の中に力を持ち始めました。そして、京都に、忘れられていたように存在していた天皇を引っ張り出してきて、古代神話に由来する「現人神（あらひとがみ）」であることを吹聴鼓舞し、天皇を神として崇拝する教育を行ないました。そして国民の家庭全部に、天皇の写真を飾らせ、強制的に天皇を「神」として崇拝させ、浸透させていきました。

各家庭に配布されて飾られていた陛下の写真。戦争中、毎日拝礼が行われていた

権力を持ったこの一部の者が新国家を実現、世界を支配しようとして、神道なる宗教を隠れ蓑に利用して、富国強兵を旗印に欲望実現に猛進していきました。それが、本来の人間性形成に大切な宗教心を、変質させた神道という宗教で崩していきました。

特に、日本軍に侵略された韓国、中国、東南アジアの各所に、強引に各地に本来の神道とは別に、靖国神社を建立して、現人神とされた昭和天皇を崇拝させていきました。そして侵略した国で、神道以外を邪教として排除していきました。特に神は唯一で、天地の創造者として信じるキリスト教が、大きな迫害を受けました。韓国や中国ではひどく、教会を破壊し、牧師を捕らえて「天皇と神とどちらが偉いのか?」などと問いかけ、「天皇」以外の答えだと投獄されました。日本でも多くの牧師が投獄され、拷問を受けて殉教死した数は計り知れません。日本軍が現人神のために戦うとして、本来の神道にはない形の靖国神社を作り、靖国神社は宗教ではなく、英霊を奉るものだからと称して参拝を強要し盲従させていきました。また政府に不都合な宗教団体は邪教として扱われ、弾圧、抹殺されていきました。そして宗教を一つの方向へ向けさせ、異議を語る者は「赤」(共産党)または、非国民と名付け、投獄していたのです。

軍国主義の日本が負け、欧米との平和条約を結ぶに当り、この偏った宗教弾圧からも解放される必要があったのです。軍事政権から民主政治を施行する上で、個人の人格の尊重、つまり信教の自由を表現する言葉が必要とされ、今日の「宗教」という訳語が用いられたというのです。そして、憲法第二十条によって、特定の宗教に束縛されることなく、信仰の自由、信仰＝宗教が解放されたのでした。この信教の自由を含めた平和条約が戦艦ミズリー号の船上で、マッカーサーと、当時の日本の総理大臣、吉田茂とで取り交わされたのでした。本来の「宗教」としての意味を認められたのはこの時からと言ってもいいでしょう。それからまだ、七十年しかたっていません。

アメリカとのこの条約の中の「信教の自由」という理解は、一番迫害を受けていたキリスト教を、自由に解放すべく位置づけられていたのです。しかし、それだけではなく、迫害を受け、非国民呼ばわりされていた他の宗教団体も同じく、税制やその他で宗教を擁護される特典が設けられたのです。残念なことは、全ての信心対象も宗教と位置づけてしまったために、あらゆる自然崇拝や創唱宗教も同じ信仰、宗教だと考えられるようになりました。そのために、この税制面や他の面での恩典を、反対に利用され、その保護を受けようとする欲深い輩が出てきて、宗教あらざる団体が、既成宗教の教義内容を取り込みながら、形だけ別の宗教形態を取って、宗教法人を取得しようと、戦後、無数の新興宗教が乱立したのです。現在カルト集団と言われている「オウム真理教」や「統一教会」その

昭和20年9月2日ミズリー号で降伏調印式が行なわれた。神道崇拝強要の解放も含めた、宗教の自由が成立した

他、数えられないほどの種々雑多の新興宗教団体が生まれました。それが国民を混乱させ、家庭不和、社会的非道徳、不幸を招くことになっています。近年は、強欲な暴力団や権力者、詐欺師が、信じたふりをして参拝や宗教行事に顔を出し、組織維持や活動のために、宗教法人を取得しようと社寺や教会を乗っ取ろうとしています。すでに彼らが教祖になって、大々的にテレビなどでも宣伝をして呼びかけ、大神なる教祖となり、政治家になったりして、純真な信仰者を味方に引き入れ、自分の名誉、立場、利益のために、宗教を利用しようとしています。

日本国憲法

第3章　国民の権利及び義務

第二十条　信教の自由は、何人に対してもこれを保障する。いかなる宗教団体も、国から特権を受け、又は政治上の権力を行使してはならない。

2　何人も、宗教上の行為、祝典、儀式又は行事に参加することを強制されない。

3　国及びその機関は、宗教教育その他いかなる宗教的活動もしてはならない。

警告します。国民の皆様、特に若い人よ、現在は戦後、法人に認められた宗教諸団体が、情報が容易に入る時代となり、真実が判り、騙しにくいこともあって、戦後拡大した新興宗教の信徒が大きく減少しています。それだけに、権力と利益追求に必死になっている時です。安易に情報が得られるインターネットだけを見て、信じてはいけません。何よりもテレビ等で、心霊写真やオカルトなど、映像化、作品化されたものを信じて、宗教や占いに走ることは最悪です。特にテレビの魔力で信じやすいものですから、出てくる人物が、全て正しい人ではなく、CMを打つ宗教が良いものだと思ってはいけません。特に団体から発行している物だけを読ませようとして、他の読み物を読ませない、触れさせないように禁じている団体は危険です。この類いはマインドコントロールする宗教団体で、囚われるとあなたの人格も損なわれてしまう一番危険な宗教団体です。巧妙に仕組まれている時代だから、一つに偏ったことを信じて、買ったり、所持したりしないで、他宗教のこと、他団体のことなど、客観的に書籍からも読んで、賢くご自分で判断してください。特にしっかりと教祖代表者の素性を調査し、歴史的に事実性があるのか、よく調査して、組織の大きさ豪華さに惑わされないで、本当の宗教を身につけていただきたいと願っています。単に幸福や病気の癒し、金運が来る、不幸の回避を願って、宗教の罠に陥らないように、知恵を得て欲しいと願います。

宗教とは、本来の人間として創造された時の本分に帰依することです。人間が作った神々ではなく、人間を造った神がおられることを知ることです。ここに政治を絡ませたり、強要的指導や脅迫を含ませることは信教の自由を奪うことになるのです。あくまでも個人の人格が尊重され、財産が守られ、家庭への平和が含まれねばなりません。日本国憲法に明記されているように、本人の意志と無関係に、軍に従属し、戦死者を英霊として祭る靖国神社が行う宗教的行事に、国が関与してはならず、宗教指導者が、信徒に祭典、儀式、行事に、参加を強要してもいけないのです。宗教はいかなる人（健常者、障碍者、貧富差、国別、人種別）も人格が尊重され、因縁や先祖の霊が祟るなど、罰が当たるなど、脅迫めいたことを語り、強制して礼拝させ、金品を徴収する行為は禁じられているのです。もしもこれに似た行為をした場合は憲法違反と言えるのです。

宗教は本来、人間に生じる恐れから人間を解放し、平安が得られるものです。ただ、日本人は恐れ、苦悩から宗教を信じる行為が多く、その不安が解消するには捧げ物（金品）を条件に出せば解決するように、行う宗教が多くあります。どうぞ、恐れさせる宗教は偽物と思い、金品を要求するような団体に近づかず、もし所属されているならば、断固離れてください。語られていた祟りや罰は絶対に来ません。今までの仲間から阻害されるようなことを恐れてもなりません。どうかあなたが宗教に賢くなり、本当の宗教を信じて一切のしがらみから解放されて、心から自由に平安な生活ができることを祈ります。

宗教はみな同じと考えている日本人

宗教はどれもみんな同じだと考えているのは、外国ではあまり見られない、日本人独特の面白い慣習であり、宗教概念だと思います。

一般的な人は、大体こう思っているのではないでしょうか。

私の親戚に神社の宮司の資格を持つ人物がいます。私が牧師になったということで、かなり腹を立てたようです。それは、親戚一同に手紙でキリスト教は惟一の神で他に神がないと、聖書に書かれた救い主キリストを紹介した読み物を入れた手紙を出したからでした。その親戚は私に会うたびに、「宗教は行き着くところはどれも一緒だ。富士山も登る道はたくさんあるけれど、登りつめたら同じ所に立つし、同じ太陽を見ることになるのだから」と、盛んに言うのです。つまり、あまり自分が信じているものだけを正しいとして、吹聴するな、どの宗教も、信じるものはいろいろあるが、究極的に極めれば、結局はどれも大差はないのだから、自分で決めたらいいのではないのか。放って置いてくれ！との心の叫びであります。

しかし、この答えに、正直に言いまして、ちょっと心に引っかかりました。では、誰かが語る教理を極め、崇高なる山を登りつめて、頂上を極めた人が、過去にいたのでしょうか。釈迦にしても、マホメット、日蓮、親鸞にしても、誰も人生を極め、天地を知り尽くして、完全に自分を完成（成仏）させた人はおりません。自分は神になった、覚者（成仏）したと自ら宣言しておられる宗教の開祖はおられません。ほとんどすでにある教えを学んでいる途中か、そのきわみにちょっと近づいた時、さらに研鑽を得ようとして別の地域（海外）に行って学びをしてこられ、帰ってきた時に、会得した他の宗教や地域の習慣を今までの教理に混合して、新しい教えとして開祖した人物が大半です。それも過去の教祖のほとんどは、自分が到達してこうなったという言い方でなく、到達できなかったことを、こうすれば救いがあるとか、修行すればいいと、自分ができなくても、他人が行い努力して欲しいことを、人に語っているに過ぎないのです。

あるいは、ある時に特別の霊感（？）を受け、幻覚の中で示された事を記述したものを、本人が判ってもいないのに、経典になって教えられているのです。つまり自分が極めて、体験からこうすればよいと断言したものはほとんど見当たりません。

頂上を極めた人を捜すことは、一生、一度もうそを言ったことがない人を捜すよりも難しいのではないでしょうか。ただ、自分が再臨のキリストだ、釈迦の生まれ変わりだ、霊験あらたかなメシア（救い主）だと、豪語して、人民を惑わした、頭がおかしい変人は多く出ておりますが、彼らの素性のほとんどは好色者で、人に修行を強要しておきながら、自分はご馳走三昧、女性を囲み贅沢な生活をする輩《やから》がいっぱいに出ておりますが、やがて時代と共に消えています。

はっきり申し上げて、宗教はどの宗教もみんな違います。登る道によっては大変苦労をしますし、危険が伴います。多くはその人の人生を変え、狂わせてしまうものです。本当によく考えて、宗教を選ぶ必要があります。極めれば同じという宗教はおかしいのであります。

私が考えた宗教を選ぶ一つの基準を例に挙げてみましょう。

まず、教祖の生い立ちと、教祖自身が何を信じていたのかを知ることです。そして教祖になった切っ掛けを調べるだけで、その人物が正しいのか、気がおかしいのか、かなり正しい判断ができるでしょう。

中でも、絶対に信じてはならない原則は、信じなければ、罰が当たるとか、不幸になるとか、脅してくる宗教は、絶対に触れないことです。また、功徳を積めば救いがあるという条件を付ける宗教は、信じない方が無難です。その言っていることには根拠がなく、嘘であって、何事かの

願いに到達しなかったら、修行が足らん。更に功徳を積みなさいと要求をしてきます。あなたが逃げられないようにする手段の一つでしょう。もしも今現在、その類いの宗教を信じて、勤めておられるならば、恐れることはありません。すぐに脱会する方が幸せになり、平和がきて、家内安全無病息災になるでしょう。何でも信じないで、よく考えて、宗教は選ぶ必要があります。

余録ですが、新聞を見たり、雑誌を見て感じることは、霊力によってパワーが増すとか、聞いたことがないカタカナの単語や数値を並べて、こんなに数値が高いので効果があるとか言って、宣伝されている品物がありますが、霊は加工した物質に宿るのではありませんし、わけの判らない単語があれば、その意味を何とか調べて理解してからでも遅くはありません。よく「持っているだけで霊の力が影響して金運が来る」「この粉（水）を手に塗るだけで（飲むだけで）幸せがやってくる」そんな類いがたくさん記載されています。販売している人の家庭やご近所が喜んでいるか、販売元をインターネットで調べ、その建物が正常か否かを調べればよいと思います。調べて販売元がややこしいところにあるものは絶対に買ってはいけません。余分なことでしたが、「置

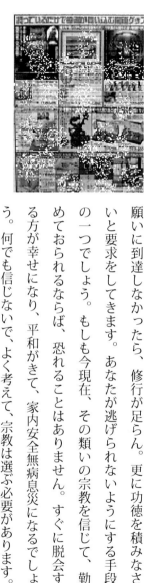

くだけで金運が来る」と言っている商品を販売している会社をインターネットで調べてみました。するど、みすぼらしい貸しビルの小さな一室に、無数にその品物「金運が来る」を積み重ね、並べてある映像を見ました。山積みされるほど「金運が来る」霊力の作品をたくさん持っていて、家賃がいくらか知りませんが、その貧しさに矛盾を感じました。

宗教も同じです。信じている人の喜びや生活、生き方を見れば、それが偽か本物かが判ってくるように思えませんか? どの宗教も悪いとは言いませんが、良いとも私は思いません。

最近はグーグルのネット地図で、住所を入れるだけでその場所が分かり、ストリートビューという写真でそのビルや家などの建物を見ることができる便利な機能があります。宗教グッズを買う前に、販売元をちょっと調べてみることも大切ではないでしょうか? 霊験あらたか、パワースポットなど、そんな物はないと言ってよいでしょう。集団(群衆)心理、テレビ報道にだまされないで、正しい宗教意識を持ってください。ただし、宗教を持たない人はある意味で、私は信用ができない人だと思っています。つまり、人が見ていない、隠れた処をご覧になる全知全能の神の存在を信じない人は、人前だけうまく処世術を心得、人が見ていないところでは、平気で自分の欲望を満たそうと、悪いことを行う自己中心的人間でもあり得るからです。

何でも拝む日本人

とにかく日本人は、拝むことが大好きなようです。自分より偉い「おかみ」なるものを拝んでさえおれば、たたりも罰も当たらないと考えるようです。巧くいけば願い（欲望）が叶えられるかもしれないと思うのでしょうか。

少し前ですが、私が自分の教会の前を、自動車で通ろうとしておりましたら、教会の前に、見知らぬ一人のおばあちゃんが立っているのです。何事かの用事があるのかなあと、思いながらゆっくり近づいてみますと、そのおばあちゃんは、教会にある方が寄贈してくださった、モニュメントを置いているのですが、それに向かって手を合わせて拝んでいたのです。モニュメントは、赤い大理石に、聖書の言葉を彫刻したもので、周囲は植木や草花で飾ってはおりますが、特に宗教的施設だということではありません。しかし、それに向かって拝んでいたのです。何かぶつぶつ言っておった様子でしたが、気が済んだのか、そそくさとそこを立ち去りました。私はさすが日本人だなあと思いました。本尊が何であるのか理解できなくても、その表面的に見せられたありがたさと、尊さらしさが、拝む行為を生み出しているようです。一度、古道具屋に置いてあった仏像を、拝んでいる人に尋ねたことがあるのですが、拝んでいる内容は、本尊に関係なく、家族や自分の問題を解決して欲しいと、頼んでいるだけと聞きました。しかも拝んでいる頼みの相手が、宗教的であれば、何であろうと構わない気持ちであるとのことでした。万一うまくいけば……。という思いであるために、同じ問題をあちらこちらと、目にした宗教施設に拝んでいくのだそうです。「下手な鉄砲でも、数打てば当たる」そんな信仰なのです。このように日本人は、何かにつけて拝む（依頼）性質が抜けないようです。

新聞広告で仏像を販売しているものがありますが、機械で彫って大量生産し、原価が一～二万円ほどでできるものを数万円で、あるものは十数万円で販売しています。なぜか価格が高いと霊力があるような気がするのでしょうか？学校の工作ではありませんが、人間の作品です。そんな物に手を合わせ、礼拝をしたところで自分の心は納得するでしょうが、飾った物が何かをしてくれるわけではありません。

冗談ですが、キリスト教会も、日本人のこの特質を利用して、外観を厳かなムードが出るように改良し、青銅で造った（金メッキを施せばなおよい）イエスかマリヤの銅像を建てかけ、周囲に少しの植木を置き、水がかけられるように水盤とひしゃくを置いて、念を押せば幟をその周囲

単なる飾りで置いていたものが、霊験あらたかな仏となってしまいました

に立てかけ、賽銭箱を設置しておくと、いつでも拝んでもらいながらお金が入るようになると思います。地方では大繁盛をするのではないでしょうか。

実はこれと似た所が実際にあります。神戸の塩屋にジェームス山という所があり、戦後、外国人の貿易商や大使館の方々が多く住んでいました。そこは外人村と言われている所で、入り口に象徴のために、飾りにライオンの大きな石像と、近くに古道具屋で購入した不動明の銅像を設置しておりました。その不動明の銅像には上から水を流して飾りにしておりました。ところが一九八五年頃、ある時に一人のおばあちゃんがそれを手入れし、拝み始めました。するとまたたくまにお年寄りの人たちが集まり始め、ベンチが置かれ、休憩所となり、お茶が配られ、にぎわい始めました。その内に幟が立てられ、祠は改造されて、単なる飾りに置いていたものが、今や霊験あらたかな、万病に効く不動明王に変わっております（すぐ近くに住んでおりましたので、見て知っております。添付の写真は現在のもの）。

このように、何でも拝む日本人の習性と、少しでもおかげがあれば、至る所に拝む場所が作られ、やがてできあがった建物には、霊験あらたかな理由が付き、宗教施設に変わる所が多いのです。

もう一つの実例。発端は誰が捨てたのか判らない小さな地蔵像が、道端に落ちていました。たまたま、その前に住んでいた床屋さんが、泥まみれだったのを哀れと思い、綺麗にして自分の店の前に飾りとして安置しました。しかし、地蔵盆が来るとそれが気になり、手入れをし、手作りで形だけの雨よけという意味で、祠が作られていきました。そして、床屋さんが線香やローソクを立てて、拝んでおりました。

すると、町内会長の指示で、その地蔵像を町内で管理、世話をしようという話が出て、町内に無理やり当番を決めて、順番に線香、ローソクの管理と礼拝行為をするように取り決められました（私のキリスト教会の信徒にも当番が来ていました）。床屋さんは、入り口にあるために、毎日交換される線香やローソクの臭いと、改築されていった祠が邪魔でならず、手をこまねいておりました。そんな時に、周囲の古い平屋の市営住宅が高層化への工事が始まりました。それに便乗した町内会長は、地域の親睦になることを理由に、大阪市の土地の一部を無償で譲り受ける交渉をして、床屋さんが邪魔になっていた地蔵像を、宗教施設として移設する計画を立てました。町内会長は、地域町内に呼びかけ、寄付金を募りました。すると、思いの外多額のお金が集まったので、添付の写真のような大きな礼拝場と地蔵像が新たに建立されたのです。そして、八月には地蔵祭りが執り行われました。すると祭りを営むたびに、お寺の住職が信徒を連れて拝みに来て、そのお礼金として地域交流のために集めた町内会費から、特定の宗教団体であるそのお坊さんに支払われるようになりました。やがて町内が集めたお金でできた地蔵施設が、寺の分院として宗教施設に組み入れられてしまい、今は寺の管理下になっております。以降、お坊さんが来ては礼拝を行い、礼拝すべき功徳を表記して、信仰の勧めをする看板が立てられました。これは、大阪市の公的な土地が無償で供与され、捨てられていたものが、形を変え、立派な宗教施設ができた一例です（憲法第二十条三項に違反するのですが、大阪市は黙認しています）。【二〇一五年、写真の地蔵像施設に、多額の町内会費が使われ、市有地を無償で貸与していることに訴訟問題が出

捨てられていたものが、大きく変わり、宗教施設と変化

ました。しかし、大阪市が力では裁判で勝訴したのにも関わらず、不具合が出たのでしょうか、写真のように立派な施設が、現在は取り壊されてありません】

このように発端は、たわいもないものが、教理も歴史も関係なく、日本では拝まれさえすれば、宗教へと転化していくのです。しかも、日本全国にある多くの地蔵像に対しても、市民交流と銘打って行われる盆祭りですが、一年に一度、神主やお坊さんが来て祈祷を献げることになっております。裏では町内の人には公表しないで、町内会費を集めた中から数万円は社寺に寄進されているのです。町内にはいろんな宗教の方々がおられますが無視され、特定宗教に公的組織が荷担することは、憲法違反であるのにも関わらず、ゴミの山であっても拝み始められると、罰や祟りなどと言われて恐れられ、宗教施設と認められて、お金を出してしまうのが、日本人の宗教認識でしょうか？愚かと言えるだけではなく、町内の活動資金を特定宗教団体に贈与することは法律違反であり、大きな社会問題でもあるのです。

ある牧師にも聞いた実話です。東大阪市で、少しの空き地があって、ゴミを捨てられて困っていました。そこで誰かが赤い鳥居の模型と幟を立てて、ゴミを捨てないようにしましたが、今は、宗教施設になっていると聞きました。ゴミ捨て場が拝まれて神になる。このように宗教施設の元は、以外と意味なく、ちょっとした感情移入から施設が作られ、拝まれて大きくなっているものが多くあり、本当に人間に幸せを与えるものか疑問です。日本人が拝むものは、意味や実像はどうでもよく、腐ったイワシの頭でも信心すれば、それが救いとなっていくようです。日本人は知的に賢いと言いながら、宗教音痴の民とも言えますね。占いや縁起、運勢に頼るのも本当の神様、宗教が判らないからでしょうか。

何にでも霊があると思っている日本人

世に宗教と言われているのは神殿、会堂、などの施設を有しているところを、宗教団体と言われておりますが、それはある種の信仰を有した者（信徒）の集まる場所であって、建物自体を宗教とは言いません。信じている人間の集合形態を言うのであります。霊の意識、信仰の意識は人間以外の生物にはありません。これは進化して発達した産物ではなく、人類ならば遺伝子の中に組み込まれた本質というべきものなのです。同等に進化してきたであろう猿や猿人には、その形跡すら見当たりません。人間と猿の違いは宗教があるかないかの区別で明確にできるのです。人類と言われるならば、いかなる未開発の人種であっても、祭りごとがあり宗教が存在しているのです。人間にだけ備わった不思議な能力なのです。この能力は、哲学者も科学者も分析することができないアメイジングな行動なのです。ただ、聖書の創世記には、神が人を創造した時、他の生物も同様に創造されている記事があるのですが、人間にのみ、神が直接「息」を吹き入れて人は生きた者になったと書かれています。この「息」というヘブル語の意味は「霊」という意味と「風」という二つの意味があります。ですから、人以外に霊を神が吹き入れた生物はいないということです。ただ、生き物全てには、生きる魂（エネルギー【科学用語でエントロピー】と言います）はあるのですが、霊はないと聖書は考えています。ところがアジア系に多いようですが、魂というエネルギー【思考力、記憶も含む】を霊と勘違いして、事物の全て、何にでも霊が宿っていると信じている人が多いと思われます。霊の存在の一例は、未来の計画ができる能力、歌や絵の芸術を生み出

置くだけで幸運が来る玉

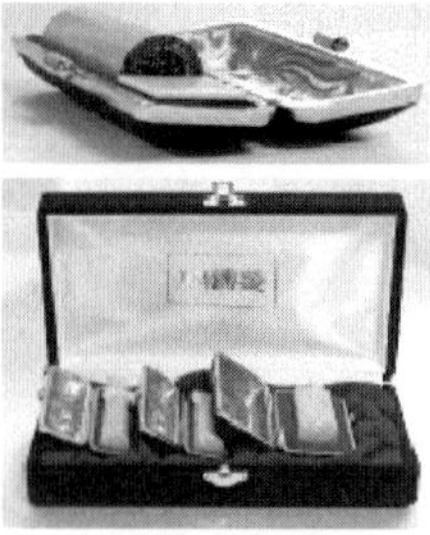
持つだけで運が開く

高額な多宝塔。八百万円

す能力のことで、動物にはないものです。それを日本人は全てに霊が宿っていると考え、愚かにも水晶玉や器物に霊が宿っていると思って、下記のようなグッズを高価な値で買っているのです。売る方も金さえ手に入ればよいのであって、効力も霊力も何も益するものはないのに、持ったり置いたりするだけで「運が開く」などあり得ない話をするのです。ご自分の考えや努力、情報を仕入れて知恵を得て、忍耐する方が、運が開けてくるでしょう。

何にでも霊があると考えないでください。愚かな行動です。

縁起の判断、「六輝」「六曜」を誤解している日本人

合理主義が通る最近になっても、結婚式の日を決定する時や、建築や公的書類の届けにまで、良い日悪い日と、気にいたします。家を建てる時、交渉日から完成の時まで、何でも良い日を選びます。「大安」ならば、たとえ嵐が来ようとも、良い日なのです。死ぬ時でさえ気にしながら死ななければなりません。焼かれる時が「友引」の日でしたら、焼き場は休日となり、翌日に焼くことになって、家族は一日余分に、腐りかかった死体と一緒にいることとなります。おかしな

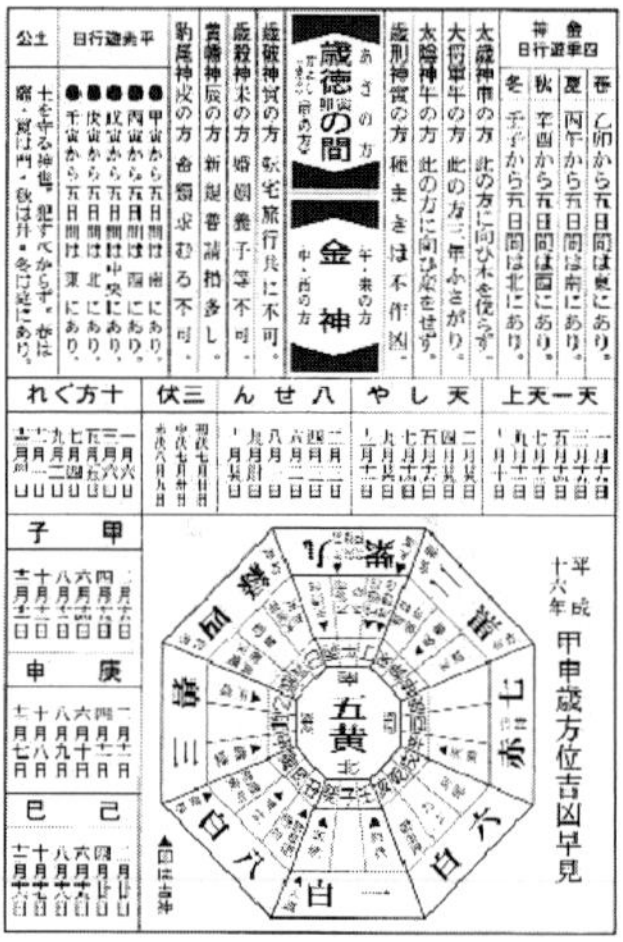

日本人です。なぜこんなにこだわるのでしょうか。

一般の人が、六曜を信じていると言われますが、一九九六年のＮＨＫ調査では、「神様や仏様に願いごとをすると、何となくかなえてくれそうな気がする」には五四・一％も答えています（出典：ＮＨＫ放送文化研究所・編『現代の県民気質―全国県民意識調査―』ＮＨＫ出版　Ｈ９．11　付表66ページ）。しかし、その解説に、単に気にするだけで、本当は信じていないだろうとありました。信じていなくてこだわるのです。

さて、六輝のことですが、六曜とも言われ、中国で五行（古来の万物組成の元素を説く哲理）につけられたものです。小六壬という時刻の占いでありました。それが、わが国に伝わってからも、そんなに用いられていないばかりか、明治初年の神宮暦にも記載されていないものでした。それが、大正時代、軍国主義が日本を支配し始めた頃から、勝運を占うために、神社に祈願し、真の意味の説明もなく、字面だけで神社の語る一方的な縁起の善し悪しの話に、軍の幹部達が同調して、ことあるごとに言葉を使い始めて、傾向が一層強まっていったようです。

大体に縁起をかつぐのは、賭博などギャンブル好きの人が、自分の自信のなさを、運を天に任せる行為だと言っている人がいます。しかし、結婚や建築、人生を賭けごとのように占いや縁起で、これからの生涯を営むことではありません。結婚は二人が自分の家庭を建設していくものですし、建築にしても、大工さんの腕次第で良くも悪くもなっていくものです。日が良いから家が立派になるわけではありません。

それでは六輝（六曜）を説明致しますと、その暦は日本の昔の陰暦を用いております。

その並びは、先勝、友引、先負、仏滅、大安、赤口という順序が基本になっております。そして、各月の一日目が何で始まるのかも決められております。

つまり、一月一日は「先勝」から始まり、

次に二月一日は「友引」から始まって、

三月一日は「先負」せんまけ・せんぶ

四月一日は「仏滅」ぶつめつ

五月一日は「大安」たいあん・だいあん

六月一日は「赤口」じゃっこう・じゃっく
七月一日は「先勝」せんがち・せんしょう

と、元へ戻って繰り返され、年末まで、毎月の一日目を順次、当てはめているだけなのです。

毎日の六輝の順序は、一月一日が、先勝から始まり、一月二日が友引、三日が先負、四日が仏滅、五日が大安、六日が赤口、以下三十一日まで順番に繰り返されていくだけです。

二月一日は　友引から始まりますので、二日が先負、三日が仏滅となって、繰り返していきます。

しかし、この陰暦で決めた順序を、現在の太陽暦に当てはめているために、規則性が判らず、いかにも神秘性があるように思えるだけなのです。

このように、単なる日時の決められた順序を表わした、日程表、カレンダーから「良い日」「悪い日」と囚われることが愚かしいことです。

もう古い無知な時代は過ぎました。時代はグローバルな、世界的な視野が求められています。いつまでも誤った概念や、因習に囚われないで、目を覚ますべき時が来ていると思います。聖書は占い、因習、輪廻、縁起に縛られず、罰やたたりなどを怖れず、自由に生きるように勧めています。

この「六輝」など、特に間違った考えで使ったり、囚われているのは日本人だけです。国際的にも恥ずかしいことです。カレンダーなどに記載するから、縁起をかつぎたがる日本人が囚われてしまうのです。そう思いませんか。私の提案は、カレンダーからこの六輝の記載をなくすことだと思います。結婚式場では、わざわざ費用をかけて六輝表を別刷りにして「大安」がよいですよと意味を知らずに勧めます。そうするから仏滅の日に挙式する人がなくなり、大幅なサービスをしても結婚式や祝いごとを行わないのです。大きな損をしています。科学文明が進んだこの時代に、今なお変な間違いにこだわる人が多いのには困ったものです。ある意味で無知な人が多いと言えるでしょうか？

御利益とは

広辞苑で御利益とは、神仏が衆生に与える利益。神仏の霊験。とあります。経札や絵馬、お守りなどから得られるとする無病息災と安全がほとんどですが、求めている当人も、根本的な解決のために、一体何から

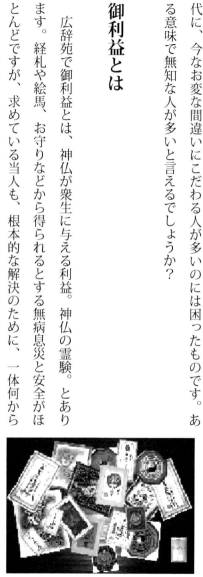

救われたいのであるのか、はっきり判らないでいる人もいるようです。

人間の要求は、大体に一過的な病気や貧しさ、不和からの解決だけを願っていることがあります。でも、こんなことは宗教に頼らなくても、少しの知恵と時間があれば、解決できるものがほとんどです。それを神仏に頼るように、宗教の関係者に相談をして、単純な常識的アドバイスをもらって納得しているのです。その要求に対し早く解決が欲しいために、必死に祈願することがあります。その気持ちは分からないわけではありませんが、わがままな幼稚な子どもが、オモチャ売り場で、泣き叫んで要求するように、神仏へ駄々をこねている姿と同じです。その場合、賢い親は断るか、放っておくでしょう。

ある集まりで、出席していた人が、「宝くじを当てていただければ、神様を信じる」と言ったので、「当たったお金は何に使うのですか？」と問い返せば、「きれいな女性といっぱい遊んで、ご馳走を食べて寝て暮らしたい」と答えました。私は「あなたがそんなふしだらな生活をするためならば、どんなに願っても、本当の神様ならば、宝くじはあえて当らないようにされるでしょうね」と返事をしました。そこまではいかなくても、宗教を求める人は、多少は自分の欲

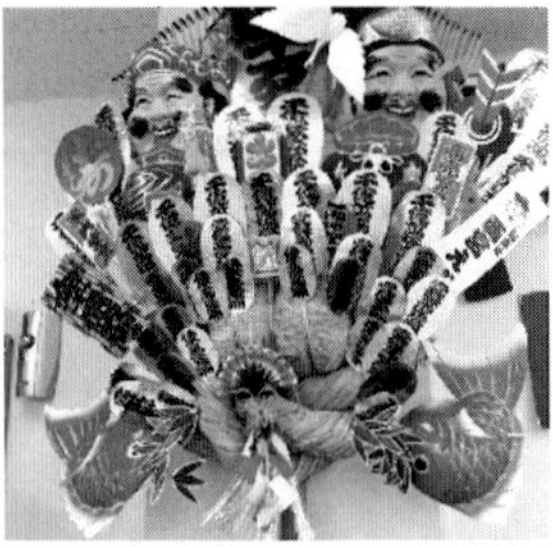

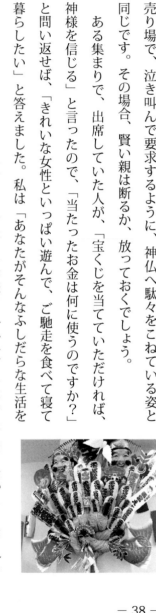

望を聞いてもらえる神仏を求める心があることは否めません。受験や結婚、就職、病気、商売繁盛、交通安全、等々。人間の欲望には限りがありません。自分の努力や誠意を駆使しないで、神仏に頼り、欲望を満たそうとする傾向はなくなりません。

しかし、そんな欲望を手玉にとって、商売にする自称宗教家、施設が日本にはたくさん存在しています。何も求めた宗教が応えるのではなく、知恵と時間があればと、申しましたように、宗教でなくても解決はできるのですが、知恵の部分でちょっとしたアドバイスをもらうものだから、安心をしてしまうのでしょうね。それに合わせて、何の効力もないのですが、仰々しい形や、印刷した紙切れ、メッキを施した鋳物の品物を、海外で安く造らせた製品であっても、普段の衣装とは違う装いを着た美しい女性から、薦められると、感激して、邪魔になる物でも大金を注ぎ込んでしまい、お金儲けを宗教側にさせてしまうのです。それだけでなく、福をもらったから、近くに遊郭があるものだから、ついでに遊んで貧しくなって帰る人もあるという話を聞いています。そのことでも判るように、飾って御利益があるとは思えません。知恵のない心の貧しさが、

宗教施設に金を支払って、一層の貧しさを生み出しているのではないでしょうか。はっきり申して、飾ったから御利益なんてあるものではありません。飾ったものを後で捨てることになるのですから、見栄を張って買った分だけお金を捨てるようなものです。うどん一杯でも食べている方が、体にとってエネルギーになって、功徳があり。有効ではないでしょうか。

修行するとは

日本の宗教団体の多くは修行という言葉で、自己を鍛錬することを要求しています。これを主張する宗教には、救い（平安や喜び）がやってきません。修行して完成できる人は一人もいないからです。

私の恩師の牧師が、高野山の麓で教会を持っていた時の話を聞いたことがあります。

村を訪問して一軒の農家に入り、キリスト教のことを話そうとしたそうです。するとそこのおじいさんが「わしは長年自己を鍛錬し、

滝にも打たれ、あらゆる教えに行き修行をして、やっと自分を無我の境地に至らしめることができた。だからそんな西洋の宗教などいらん」と言ったそうです。その牧師もちょっと意地があって、「でもねエ、おじいちゃん。人間はどんな修行をしても、自分の我をなくすことはできないと思いますよ」と言うと、「いやー、それは辛いし努力もいりますよ。でも頑張ればできるものだと思う。私は頑張ってやったので、無我の境地でこのように毎日生きているんだよ」。牧師は「でも、人間ってどんな努力をしても欲は出てくるし、世の中に満足はしないものと、違いますかね」と言うと、おじいさんは「だから修行して、滝に打たれ、断食したりして、努力するんだよ！」牧師も意地があったので、更に「どんな努力をしても心は変わらないし、無我の境地に到達できる人はいないと思いますよ」と言ったものだから、しばらく押し問答が続いた結果、おじいさんが「わしが、こんなに修行を積んで、無我の境地になっていると、話しているのにわからんのかぁ！」と、とうとう怒りながら言ったので、牧師が「そんなに無我の境地だ、無我になったと言い張るところが、無我になっていないのではないですか？」と言ったとたん、おじいちゃんは黙って悩んでしまわれたそうです。牧師

も後で、ちょっと言い過ぎたと反省し、何よりもせっかく一生懸命に人生の半分以上を費やして、努力をして頑張ってきた今までのものが、一度に無駄であったと思わせたことは、申しわけなかった、と言っておりました。

御利益を求めて、願掛けて、お百度を踏んだり、八十八カ所巡りや断食をし、座禅を組んでも、荒行で命をさらすようなことまで、数え切れない修行形態がある中で、どれをもってしても到達点、完成を成した人の話を伺ったことはありません。反対に荒行が終わった後に、精霊流しだと言って、酒を酌み交わし、女遊びをして、平然と帰宅する宗教家がいる事実を知っております。要はどんな祭りにしても、祭りの後に、関わった関係者が、町内から集められた寄付品で、宗教家を囲み、飲み食いして楽しみ合って終わるようですが、尊敬できることを行なっているのかどうかを知れば、その宗教が本物かどうかが判る、判断の一つでもあるでしょう。

修行や鍛錬も、継続してきた効力も、時間と共に薄れ、なくなるのですから、残念でなりません。ならば、そんな苦しいことをしなくてもいいと思うのに、日本人はどうもやって見たいと思うマゾ的なところがあるのでしょうか？　ある意味で不可解な民族です。

日本人の考えている神仏は、我々の人間側が、頑張り、熱心にやればやるほど答えてくれるだろうという、要求実現信仰ではないでしょうか。人間の願い、希望通り（因果応報）に神は動いてくれるものだという意識が内面にあり、熱心さ、要求の強さ、功徳を積む自己犠牲の大きさを尺度に、聞き入れられる神仏が最高と思う、人間の望みが実現さえすれば良い仏、良い神々であるということになっているようです。願っても聞いてくれない神はダメであるのです。要は人の力より低い立場であることが、よいとする信仰形態ではないでしょうか？そんな意味で、一年一回は積もった埃を掃除してもらったり、移動は人間に担いでもらわなければ動けないし、人間側の都合で祈祷すれば、その像から霊は抜け、又祈祷すれば霊が入るなど、どの神仏も、ギブアンドテイク。やってあげたのだから、してくれてもよいだろうという信仰心なのでしょうか。

　知人から聞いた話で、真偽は判りませんが、ある人が修験行者になった時の話だそうです。ある修験道場に通い、毎年、本山というところまで修行に行って、荒行で修練を積んでいるそうです。そのために衣装を整え、ホラ貝までも携えるそうですが、その衣装一揃えにもかなりの投資がい

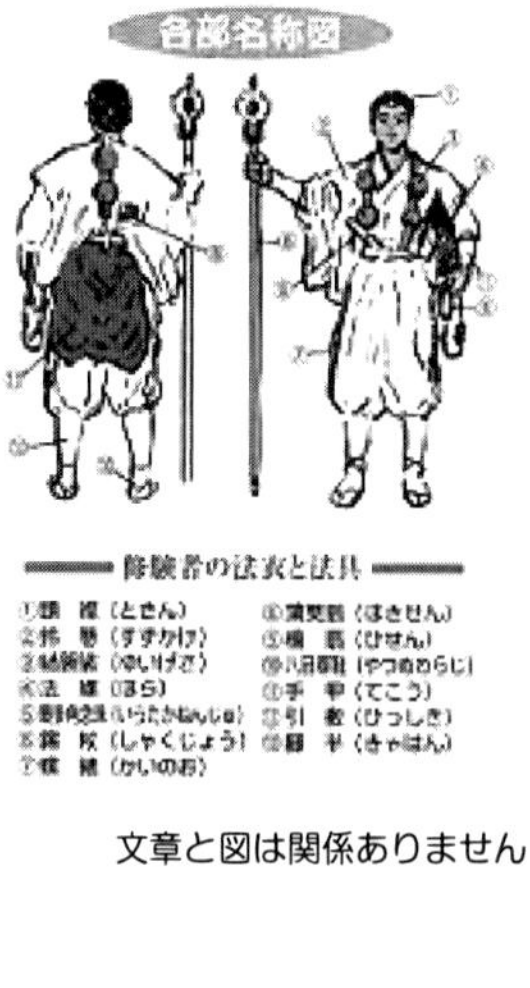

文章と図は関係ありません

るそうです。仲間になるためには奥様にも働いてもらって、無理をして揃えたそうです。それはそれとして、修行は命に関わるような荒行を行なうのだそうです。そして一通りの修行を終えると下山して、仲間と一緒に旅館に泊まるのだそうです。そこでは修行が終わった完成祝いかどうかは分かりませんが、酒を酌み交わし、ご馳走を食べて、遊郭で女郎と遊んで、何も知らない奥様のいる家に帰るのが、楽しみだというのです。

一体何のための修行をされているのでしょうか？一般人には判らないお経を大声で唱えているけれど、別に精神修養でもなく、人格研鑽のためでもなく、人の役にも立つわけでもなく、賢くなる勉学でもなく、国が安泰になるわけでもなく、家庭を幸せにするわけでなく、何を目的にした修行でしょうね。しかもこのお寺はれっきとした宗教法人格を有し、多くの信者を有した有名な寺院の話です。

聖書の記事の中にも、イスラエルが忌み嫌っている異教の神殿の話が記載されています。神殿の巫女を演じると共に、終わると神殿娼婦と称して、お参りに来た男性と性の饗宴を行なって金をもらい、生活をする女性たちがいました。それとよく似ています。トルコへ旅行した時に、エペソの町を見学した時、神殿に行く道に、男にだけ判る暗号で、遊郭への道しるべが、通路に刻まれているところを見せられました。まさに、性を売り物にする乱れた宗教が、世界中に昔からあることを見せられます。日本にも遊郭がある近くには、必ずある種の神社が大きく存在していきます。今は法律で禁じられて形はなくされていますが、秘密基地があるとも言われています。人間の心理というのか、性（さが）というのか、修行の業《わざ》が厳しければ厳しいほど、解放された時、反動的に不道徳なことを行なってしまう弱さを持つ、人間の心理を利用した宗教施設があるのです。そんな意味から、教理を解くより修行を強要するような宗教は、信じない方がよいと思います。繰り返しますが、外部からの修行で人間の心は変わるものではありません。かえって切りがついた時に反動が出て、他人の知らない所や、心中は非社会的行動を取ってしまうものです。しかも修行をしたので、表面は立派な人間として繕うものだから、己自身を裏表を上手に作る偽善者を養成することになります。人間にこんな修行は無駄です。【訓練とは意味が違います】

お守りがある理由

日本人のほとんどの人は、「アニミズム」（後述）という霊魂主義の信仰形態を有していると言

われています。つまり、動植物から自然山野、人間が製作した造形物に至る、形ある全てに霊が存在するという信仰が、根深く浸透しているという立場です（自然物が偶然に目や口に見えると霊が宿っていると思う心理）。天井の木目でも、人物像に形が似ていると、神秘性を抱き、霊が宿っていると思う心。特に昔の偉い人の形に似せた木像や石像には入魂式やらを行なって霊の存在を示したりするものですから、神社が発行するお札《ふだ》から、交通安全のお守りの中にまで、また、水晶玉、壺、印鑑の中に霊が宿っていると信じています。

たとえそれが、プラスチックや布製品で、しかも海外で大量生産されて、安く輸入されたものまでも、人間の未来や過去を左右する霊が宿っていると考えるのです。

このようにどこにでも霊が存在し、目に見えない物への恐怖心を持っているのが日本人のようです。この心境が間違った宗教へとのめり込む可能性を生んでいるようです。また、儒教の教えから、親、先祖を尊ぶ心があることを利用して、先祖の霊や背後霊、守護霊などの言葉が造られ、畏怖の念も含め、恐怖概念を植えつけられています。そして、その恐怖心から守られるように、お守りだと称して買わされ、持って慰められ、安心を得るのです。

仏教寺院や神社がお守りを販売をしていますが、しかし、お守りを持つべきだとする教えは、仏教にはありませんし、神道にもそんな教えはありません（仏教国の本場インドやタイに行きましても、誰もお守りを持っている人は見かけません）。しかも、身につけるお守りは、古い昔からの伝統ではなく、近年（わずか七十年前）になってから始まったものと言えるのです。それも時代の流行、その場の状況に即応させ、変化したお守りが作られ、販売されるのです（中身は変わらず表のタイトルだけ変化させて販売）。

　お守りといえば、美しい西陣織の袋に入ったものが定番のスタイルです。これが第二次世界大戦中に、京都の西陣から発祥したことを、ほとんど知らない人が多いでしょう。昔のお守りは袋に入れる習慣はなく、神様の名前や祈願文が書かれたお札を家の柱に貼るものでした。ご利益は、

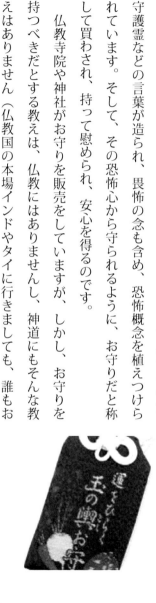

「火の用心」とか「家内安全」「商売繁盛」など、家や家族を守るものがほとんどでした。中には、祈願文の入った板札を首にかける肌守り（板が割れると厄を逃れたといったもの）もあったそうですが、お守りは現在のように持ち歩くものではなかったのです。

ところが、戦争が始まり、生きるか死ぬかの戦いには、どうしても目に見えない神仏に（現人神である天皇に）守っていただきたい、勝利をしたい。そんな心の叫びを受け、戦争中、神社が国の支援を受けて、兵隊さんに「武運長久」のお守りを授与し始めました（武運長久＝戦争に勝って生きて還ってくるようにという意）。

家族は、そのお守りを兵隊服に縫い付けたり、端切れで作った袋に入れて持たせ、出征を見送ったのでした。しかし、それでは破れたり、紛失したりするために、そこに目をつけたのが、贅沢禁止の時代なので、不況にあえいでいた西陣の老舗織物会社「S社」の社長が、「大切なお守りは、ちゃんとした丈夫な袋におさめて身に付けた方がいい」と考

えたのです。

そして全国の社寺を行脚し、西陣織のお守り袋を全国に広めたのだそうです。現在でもお守り袋の生産は全国ナンバーワン！ 社寺の多い京都において、そのほとんどを手がけているそうです。

今や、インターネットで購入できる電子お守りもあり、携帯電話で取得できるとのこと。買ったご本人に聞いたことがあるのですが、本当は「しきたり」や気休めで、アクセサリー的な考えしか持っていませんでした。確かに一部の方は一生懸命に祈り、願いが叶うことを思い、購入していますが、私は少年の頃、興味を持って袋の中を開いて見ましたら、新聞紙が折り込まれて入っていただけでした。最近の物を開けてみますと、普通の厚紙を和紙に包んで、神社のゴム印が押してありました。ちょっと丁寧になっていますが、それも、表の安産や交通安全など、書いてあるものは袋が違うだけで、中身はみんな同じでした。霊は目に見えない存在で、物体にあるものではありません。お守りも地域の土産品と同じように霊が存在しないとなれば、大切に持っている者はどうなるのでしょう。わずかな日当の内職で作らせ、販売しているところも、商売抜きで心からお守りに霊魂があると思っているのでしょうか。迷信だと判っていても、変な頑固さで理屈を考え、お金を得るために死守していくのも日本人ではないでしょうか。

お守りは駄じゃれで発行？

霊験あらたかな交通安全や家内安全、入学祈願、ありとあらゆる悩みに対して、お守りやお札が存在しております。薄い紙のものから貴金属のものまで、販売価格で、品物の状況が変わります。愛車のボディに貼りつけたり、ぶら下げたり、あるものは肌身離さず大事に大事に持っております。

しかもこのお守りは、今から六十数年前の第二次世界戦争の折に、できた最近のことだと前回説明しました。

また、お守りを大事にするのは、日本人独特の行為で、外国人が後生大事に肌身離さず持っている姿をほとんど見ることがありません。それこそ、日本に宗教が伝来してきたルーツとも言われている、韓国や中国でさえ、仏教国タイに行きましても、お坊さんの誰一人として、お守りを持っている人はいませんでした。世界中捜しても、日本のようにお守りを大事に扱っているのを、あ

まり聞いたことがありません。これはどうも日本人独特の勘違いした信仰心ではないでしょうか。全ての物体に（紙切れ、板にも）霊が宿り住んでいる、という東南アジア系の土着民族信仰（アニミズム）から来ているようにも思えます。

私は神戸に住んでおりました。神戸の西にある明石天文台の近くに「柿本神社」（通称人丸神社）があり、行ったことがあります。万葉集の歌人である柿本人麻呂が奉られている所です。その神社が発行しているお守りがあるのですが、その中に、二種類のお守りがあります。一つは安産のもの、もう一つは火災にならない防災のお守り札です。

歌人を奉った神社が、どうしてこの二種類を発行しているのか、その理由がお判りになりますか？ ひと昔、私の知人が、宮司さんに聞いてみたそうです。

お守りを発行する根拠は、二種類とも、名前が由来であると言われたそうです。私は歌人（今風に言えば作詞家）であった柿本人麻呂が、

安産と防災に、いくら考えても結びつきません。とうとう判らないので、「どんな由来があるのですか?」と尋ねると、やさしく彼は、宮司さんが話されたことを聞かせてくれたのですが、笑い出しました。

安産のお守りは「柿本人麻呂の、人麻呂という名前に由来がある」というのです。そう言われても判らないので、聞き直しますと、つまり、「ひとまろ」「ひとうまろ」「ひとうまる」「人、生まれる」ということで簡単に人が生まれてくるように「安産」のお守りを発行しているということでした。

気になるもう一つの方は、「ひとまろ」「ひとまる」「火、止まる」、それで火事から守られるというのです。そのどちらも、いつから始まった考えなのか不明ですが、駄じゃれ、言葉遊びで、人命に関わるお守りが作られていることが判りました。

もう一つ例を挙げますと、東海道品川宿に品川神社があります。この神社には、「ぶじかえる絵馬」という縁起物があります。御利益は交通安全で、その由来は、平成の初めに、境内末社の一つである浅間神社の脇に作られた富士塚のふもとに、地元の人がカエルの置物を寄進したのが切っ掛けで、お守りが作られ、販売をしているのだそうです。

由来は、富士山の「ふ」に濁点をつけ、「ぶじ」と読めるように工夫して、「ぶじ」と「カエル」で、「無事帰る」つまり、自動車で行っても無事帰れるから、交通安全だ！として売っているのです。

このように全てのお守りが、駄じゃれであるとは思いませんが、多くは似たような言葉のあや、しゃれで発行されていることがわかります。特に交通安全などのお守りは、歴史の由来など、一切関係がないようです。お守りは、時代の兆候、流行現象を気ままに創作しているようなもので、霊的に効力は何もないと言えるものではないでしょうか。

その発行の意味づけは、考え出したその人のアイデアによるだけです。東洋人のアニミズム（全ての事物に霊が存在すると考える）の信仰形態に、人間の寂しがり屋と他力本願の甘えが、生み出した産物で、社寺の収益のためだけにあるようなものです。お守りグッズは、工場で大量に生産され、人件費が安い海外で作らせ輸入して販売もしています。現地のお守りを生産している人が、どんな気持でそれを造っているのか、本音を聞くと買う人はがっかりするのではないでしょうか。ペンダントのようにアクセサリーとしてはいいのでしょうが、お守りは何も守ってくれるものではありません。

お上《かみ》さんとお神《かみ》さん

私は中学生頃まで、お寺や神社に行って拝むことが好きでした。その心といえば、門に入る前から一種の恐ろしさ、入ってはならないという権威的なものを感じていたことがあった記憶があります。人間を超えた、ある力がそこにあるように思えたからでした。

その反面、ご本尊は人間に手入れや掃除、世話をかけてもらいながら、動くこともなく鎮座したままであるのが、おかしいなあと思いながらも、なぜか恐ろしかったのです。

神戸に住んでいた小さい頃の記憶ですが、仰々しく大勢を集めて、仏像に入魂式をしていたお寺が、その後火事になって、その安置した仏像が丸焼けになりました。私は仏像がてっきり死んだと思っていたのですが、お寺はその仏像の葬式もしないで、すぐに新しい仏像が用意され、半焼けの仏像を、霊を抜く儀式もしないで壊されたということを、明確ではないのですが、親から聞いたことがあります。

日本人が考えている魂（霊）は、死んでも永遠に存在していると思われています。ですから火事になったお寺が仏像をそのような扱いをしたことが不可解でした。霊は不滅と思っていますから、生前に悪いことをしたり、殺したりすれば、その霊の祟りや罰を恐れ、仕返しがないように、それを弔い祭り、それを拝むのではないでしょうか。要するに、怖いものを奉り、それを拝むと鎮まってくれると、信じるから行なっていると思うのです。この恐れ方（畏敬の念も含め）これが日本人の持つ信仰心、信じる原点ではないかと思います。神社仏閣やあらゆる新興宗教のアピールも、人の心にある恐ろしさと後ろめたさにつけ込んで、葬儀や布教活動を行うのが、常套手段のように思えてなりません。

私の親族で奥様が亡くなり、葬儀をお願いしましたが、それ以降、毎月命日に願いもしないのに、お坊さんが自宅にやって来てお参りしてくれるのですが、その都度数万円の布施を用意しなくてはならず、年金生活になっているので、半年に一回のお参りにならないかとお願いしたそうです。すると「奥様は寂しいと嘆き悲しみますよ」と脅すように言われ、今もご主人は泣くようにして毎月命日に支払って、奥様が悲しむより、ご主人が嘆き悲しんでいるとのこと。お釈迦様は「死ねば終わり」と言っておったはずなのに、一切それには触れず、人の弱み、恐怖心につけ込んで、金づるを放さないやり口に、お坊さんも生活のためであろうかと思いますが、私は憤りを禁じ得ません。

山が怖ければ山に神様の祠《ほこら》が造られ、海が怖ければ海の神様が奉られているのです。高いところ、薄暗い不気味さがある洞窟など、怖いものが拝所になるのです。

もちろん自然だけでなく、生老病死、金銭と夫婦関係、名誉と立場、人生の生き方そのものに恐れがあると、問題解決のために拝むものが必要となり、不幸を除去する本尊が造られ、奉られているようです。日本人にはこんなおかしいところがあるのですね。

例えば、さんざんこき使って、要らなくなった品物（例えば人形）を、棄てる前に供養して奉る。また、自分の利益を考え、しこたま魚を勝手に捕獲しておいて、祟りが来ぬように墓石を造りお参りをするように、蛇が

人形の供養

魚の供養塔

怖ければ蛇が神になり、狐が怖いならば狐が神になる。家の中で奥様が怖ければ、奥様がおかみさんになる（ちょっと違うかな?）。

要するに、人間側の利得で殺生をした後、ちょっと申しわけがないかなあという気持ちも含め、恐れから宗教施設を造って気休めとする。それは霊的な神ではなく、「上」という字を書いたかみであって、決して「しめすへん」の神を言っているわけではありません。昔、江戸時代に「お上の命により、打ち首獄門に処す」といった類いの、自分より目上、権力者、能力が優れている者に対する恐れの神であって、キリスト教で言う神（GOD）とは全く異質のものとなります。

石川五右衛門の墓　京都市東山区　(1999 年撮影)

当然、恐れるだけでなく目上の者を敬う「畏敬の念」という畏れも含んでおりますが、自分の不幸や願いを聞いてもらえ、目上の人の効力「おかげ」を含んでおります。

自分より権力があり、力や金や名誉知識とあらゆる何ものかが優れていると、それを「上」という字を書いた「かみ」として祟められていくのであります。

大泥棒の石川五右衛門（安土桃山時代の大盗人。京都三条河原で釜ゆでにされ、東山区に墓がある）も、ねずみ小僧も奉られて拝まれています。拝む人は、万引きや他人の物を盗む時に、警察や人に見つからず、上手に盗むことができるように拝みに行くのでしょうか、釈然としませんね。

ねずみ小僧次郎吉の墓

例えば、ねずみ小僧次郎吉の墓は（東京荒川区にある）網を被せられているユニークな墓です。墓の管理人に理由を聞くと、ギャンブル好きの連中が、ねずみ小僧の墓石をお守り代わりに削っていくので、防護の意味で網をかぶせているとのこと。
縁起を担ぎ、拝礼するだけならまだしも、自分だけ勝負に勝ち、儲けをもらうために、恩義となる人の墓をたたき壊し、高い費用をかけて安置しているものを奪って逃げる。
正常な考えがあれば、そんな欲深い悪い人間を助けて、ギャンブルに勝たせたり、災いから守ってあげようとするだろうか。そうでなければ、次郎吉がよほどのバカか、何の力も霊力もない、間抜けな人間でない限り、黙って見過ごすはずはありません。助けてもらえると霊力を信じるならば、反対に安らかに眠っているのに、破壊して盗むそんな輩に、呪いをかけ、ギャンブルでは大損をさせ、大病を患わせ、大きな事故をもって、稼いだ金まで失わせ、被害を与える仕返しをされると、考えるのが普通であります。

そんな単純なことも判らないで、他人の墓を壊して、自分を守ってくれるだろうと思い、信じて拝む日本人が多いのは、何でだろう〜〜！　何でだろう〜〜！

おかしなことに、日本の神社仏閣の本尊は、何かがすぐれていたり、常人ではない能力があれば、泥棒でも殺人鬼でも、神に奉りあげられ、拝まれていくようです。もし日本にヒットラーのような独裁者が現れて、六百万人に及ぶ大量虐殺をして戦争に勝ったとしたならば、靖国神社に奉られ、国民の祝日が制定され、大きな行事を毎年行い、総理大臣を筆頭に参拝行事が行なわれて、日本人全員を駆り立てて奉るのではないでしょうか。その日のために多くの国家予算をとって、国民の血税を使い続けることでしょう。要は、人間でも動物でも、何でもその霊力（能力と勘違い）に人並み外れた極悪人でも、狂人でも、その力に預かろうとして、自分より「お上」なるものとして崇め、本尊としてしまう心があるというのは、不思議な国民性です。愚かと思うのに、日本人の心は、何かが奉られると拝みたくなるようです。

結局は人間側の、願望（欲望）実現のために、その能力のおこぼれでも、もらおうとする欲の塊の人が、拝み、奉っていくのでしょうか。それだけではありません。反対に自分自身が今まで悪事を重ね、自分の意見を聞かない人物や、人に恨まれるようなことをしてきた人物を殺し、卑しめたことを、晩年になってそれと気づき、その呪いの恐ろしさから逃れるために、卑しめた人を祭りあげて、供養と称して祭壇や社殿を築くのです。このように己が呪われないために建立された社寺が日本に多くあります。

この事実を考えると、畏敬の念を持って尊ばれるはずの宗教施設は、意外と怨念のこもった施設で、崇めるべきものではなく、御利益もないものと判りますね。

大阪の天神祭りは、日本の三大祭りの一つとして、大規模な祭りです。この大阪天満宮には「菅原道真」が奉られ、知恵の神様としてあがめられ、受験シーズンになると大変な人で混雑します。大阪では商売繁盛の神ともなっています。商都大阪市の役所として総力を注いで、大阪市民の税金を使ってまで、大きな宗教行事の祭りに寄与しております（この行為は、本当は憲法違反です）。

でも、「菅原道真」は確かに賢い人だったようですが、商売とは関係がありません。最後は藤原時平に、その知恵がありすぎるために左遷され、九州の大宰府で寂しい惨めな死を遂げた人物です。しかし、彼を死に追いやった藤原時平は、自分の都合で非業な死を遂げさせてしまったため、道真はそれを恨んでいたことを知り、呪いやたたりを恐れ、町民から集めた莫大な費用を投じ、

自分に対しての祟りから逃れるために、供養の天満宮を建立したということです（怖いものには金を惜しまないものです。商売も口先だけだと思っていても、命がないぞ！などと、脅しが入れば大儲けしますからね）。

藤原時平は、道真がものすごく恨んでいるといううわさを聞いて、怖いものだから、奉って拝んでおりさえすれば、当人の気持ちに関係なく、恨みや呪いから解かれると思ったのでしょう。この心情は日本人の特質でしょうか。だから第二次世界大戦を起こさせ、日本人に多大の犠牲を強いた東条英機総理が、東京裁判でA級戦犯の判決を受け、処刑されたにも関わらず、

靖国神社に英霊として祀られることに異議も感じず、考えもなく拝みに行く多くの人を見ます。

この東条英樹に逸話がひとつ残っています。敗戦後、戦争責任を追及されるその裁判の席上で、裁判官が「神を恐れつつ、この審判を開始する」と言ったことに対して、「我は神など恐れない。日本人だ！」と言ったようですが、彼の言う恐れない神というのは、現人神であった天皇を含め、このお「上《かみ》」ということであるかみであり、人間が造った神を指していたのです。全能の創造神を基盤にする西洋社会から、その場に居合わせた世界から参加していた有識者の中から、軽蔑の笑いが出たということを聞きました。

ですから「上」というかみと、唯一神教の神と比較することすら間違っていると共に、宗教はみな同じという概念も、はずれていることの認識を日本人はできていないのではないでしょうか。

水子供養のこと

日本人は宗教に富んでいると、外国人は見ていますが、実際は毛嫌いする人も多いようです。それはあまりにも「宗教」を利用する有象無象が多いからではないでしょうか。「法衣の下に鎧が見え隠れ」と昔の人が言っておりましたが、法衣の下に誰が見ても、鎧が歴然と見える宗教が多いからでしょう。鎧とは「政権への野望、霊視商法、霊感商法、手相や足相の診断、その他、種々の金儲け主義の輩がいっぱいいるし、宗教を利用した名声、権力志向、それに、宗教法人を収得して暗躍する右翼、暴力団。大阪ではキャバクラを経営する水子供養の寺が近くにあると聞きました。この寺が摘発を受けた新聞記事を思い出しますが、キャバクラで売春が行われ、不覚にも妊娠した女性に堕胎を強要し、本人の罪意識を助長して水子として供養させていたようなのです。しかも法外な供養料を要求していたとも言われています。

このように、人の弱みにつけ込んだ宗教屋が多いから、毛嫌いされるのではないでしょうか。特に、日本の各地に広がったこの「水子」思想は、江戸時代にあった「間引き」や「子おろし」と同等視する人がありますが、現在は異なった感覚で受け止められています。

「水子」というのは流産した胎児に対する仏教の戒名である「水子(すいじ)」に由来しています。ですから、本来は自然に出産した後で死亡した、幼児につけられた名称であったのです。しかし、

昭和初期から軍国主義の兵力確保のため、産めよ増やせよの政策が取られました。しかし、敗戦後の低経済力状況に加え、兵隊であった男が一挙に帰国、ベビーブームにとどまらず、産めばお金がかかるとして、親の都合だけで生まれる前の「間引き」的な感覚で出生率を制御しようとしました。当然、そこに罪意識が生じてきますし、不本意な死を与えたことに悔いの心、たたりを怖れる心によって、供養する心が生じてきました。そこに目をつけ、斜陽化していた神社仏閣の資金源として、墓屋さんとの協力で宣伝が行われていきました。

最近では、性の情報が氾濫し、愛＝セックスの感覚が芽生え、若者、中年に隔てなく、快感を求めて生きる社会構造になって、ますます不本意な子供が、闇に葬られていく数量が膨大化してきました。厚生労働省の統計によれば、出生届の三倍とも十倍とも言われています。

輪をかけて、妊娠四ヵ月までは「人形《ひとがた》もない」という愚かな医者の誤解が定説化され、妊娠しても四ヵ月までは人間ではないのだから、早く下してしまえという感覚が生まれてきました。

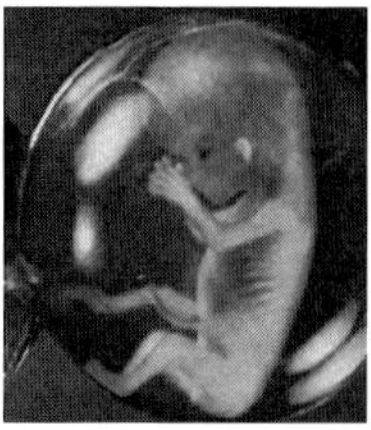

妊娠８週目の赤ちゃん
(２ヵ月)
すでに完全な子供です

しかし、医学、科学が進み、その実態は、妊娠した時から人間としての形成が明確になることが判明し、やはり、どんな小さい状況であっても、堕胎は罪として世界が認識し始めています。

堕胎王国日本と世界から言われるのは、日本人の罪意識の低下もあるのですが、供養すればそれでよいと考える無感覚な宗教意識が災いしているとも考えられます。その中でも、真面目に心苦しく悩む女性もおられるのも事実です。

その心理状態につけ込み、商売として「水子」思想を助長して、仏教の教えにも記載されておらず、言葉もなかった「水子地蔵像」をあたかも昔から存在し、教えであるかのように組み立てて、高額で売りつけているのです。

このように、仏教用語だけを使い、勝手に考え出され、作り出された宗教が、無数に存在していますし、信じられてもおります。この時だからこそ、全ての宗教を、納得できる本当の宗教か否かを、よく調べておくべき時代でありましょう。

調査方法の一つとして、『日本「宗教」総覧』というような本や宗教団体名簿などですが、ここに記してある諸宗教の団体、所在地などの概要を調べ、まず宗教の教祖は誰なのか、その教祖

が何を信じていたのか、本山の場所、会員数、教義の内容など、軽く調べて見ますと、充分でなくても、彼らがどんなものを拝み、それによってどんなことが生じるのか、主張している御利益を学ぶと、教義で言う「救い」を獲得するには、ほとんど参拝、修行など、自分で忍耐と努力、奉献（金品の捧げ物）などの指示がなされています。つまり人間側の頑張りや努力を語る所は、おおむね大した宗教でないように思えます。たとえ大きな宗教団体組織であっても、その規模に惑わされないことが賢明です。

宗教は御利益の大きさでなく、根本的な苦渋の原因の理由から、その赦しと解放の教理があるかどうかで真価が問われるものです。

お盆のこと

お盆の記念日は八月十五日です。この日の前後、日本中が休日となるために、家族揃って帰省して、先祖の墓をお参りしてから、親族との再会を喜び合います。盆踊りは、地域の親睦を計るために、公園や空き地にやぐらを建て、みんなが輪になって踊って、盆休みを楽しく過ごします。しかし、お盆の本当の意味を判って行なっているのでしょうか、ちょっと疑問を抱きます。

そもそも「お盆」とは盂蘭盆会《うらぼんえ》とも言われています。盂蘭盆とは梵語（サンスクリット語）でウランバナ、「甚だしい苦しみ」という意味で、先祖が餓鬼になってしまったことを慰めるために、食物を備え、冥福を祈る祭りであります。それは、『盂蘭盆経』の目連の説話に由来すると『広辞苑』にはあります。本来の仏教にない祖先供養を、目連が亡き母が餓鬼となっている夢から、救済しようと地獄の帝である地官大帝（贖罪の神）の誕生日を重ね、中国の祖先供養と習合して『盂蘭盆経』として創作した説話が元になっているようです。目連が餓鬼になった母を、毎年この日に供養したことに由来していると言われています。

森山諭師の『神道と仏教をただす』には、ソクド人（イラン人）の盆器に供物をもって祖霊に供えた風習と道教の三元（上元…一月十五日、中元…七月十五日、下元…十月十五日）の思想に神道が習合して、祭りが始まったとも言われています。

こう考えると、本来の意味からすれば、お盆の祭りは、非常にえげつない（関西方言）先祖への仕打ちと思えるのが、このお盆の祭りではないでしょうか。つまり、子孫の我々が、先祖を尊ぶと言いつつも、実際は先祖を餓鬼（意味は下記に記しています）と思っていること。一年に一度、このお盆に地獄の釜のふたが開いて、先祖の餓鬼の精霊《しょうりょう》が、子孫に会いたくて家に戻ると言われています。子孫はそうなると、恐ろしい餓鬼と化した先祖が、ゾンビのようにゾロゾロやってきては大変。必死になって、霊魂を慰めるために、日頃ホットケさんであるのに、この時ばかりは、仏壇を掃除し、蓮の花やご馳走をいっぱいに並べ、先祖の餓鬼が、楽しく充分に食べてもらえるようにするのであります。しかし、餓鬼というのは、ノドが針のように細くなっていて、何も食べられず、ご馳走を口に持っていっても食べられないため、いつも飢えて苦しんでいるというのが、餓鬼のことです。ですから、一年にたった一度、豪華にご馳走を用意したところで、そのご馳走を見せるだけの苦しみを味わわせ、かえってストレスを与えるのが、盆の祭りではないでしょうか。また、この一日だけ、お坊さんを呼んで、家族一同鎮座していることを見せながら、読経してもらって、仏心を保持し、仲良く豊かにやっておりますよと、一日だけでも、見栄を張って見

（餓鬼とは破律の悪行の報いとして餓鬼道に落ちた亡者。皮肉痩せ細って、咽喉細く針の孔のようで飲食することできず、常に飢渇に苦しんでいる者）広辞苑より

せるのが盆の供養であるとも言えます。

先程の絵は『餓鬼草紙』という絵巻物の一場面です。子供の右側にいるのが餓鬼です。餓鬼は子供が排泄した大便を食いあさろうと待ちかまえています。これほど常に飢えと渇きに悩まされている亡霊です。餓鬼になった原因は、生前に悪いことをしたために裁かれた結果です。餓鬼道に落とされ、飢餓状態になった餓鬼は、おなかは大きいけれど、のどが細いために食べられず、いつも腹が満たされない空腹に悩まされているのです。口に入る物なら糞尿や死体など、何でも食べようとする強欲さも表しています。

盆祭りとは、遺族が死んだ先祖を、生前の行状が悪かったので餓鬼の亡霊としてやってくるのだと考えての祭りなのです。親を悪く思っている親不孝、先祖を嫌なやつとして示す行為が、盆の祭りなのです。そのようにえげつない先祖だったと考えて祀るのが「お盆」ということなのです。これが先祖を供養することになっているとして、坊さんが本当のことを話さず、間違いを教えて儲けの手段にしているのです。

本当に先祖を尊ぶならば盆祭りと言わず、地域の夏祭りとして、宗教者に一切関わりをせず、交流の場として名前を変えて行うべきです。真実をごまかして、わけも判らぬ読経を数分唱えるだけで、町内から集めた尊い数万円も持っていかれることは、許されないことであると共に、その分を地域の子供が喜ぶ何かをしてあげる方が、町内会費が有効なものとなると思います。

盆踊りのこと

盆踊りは昔、たき火を中心に周りを囲んで踊りました。それは獣や、害虫が火を恐れるのと同じように、餓鬼となった先祖の霊が、火を恐れ、そばにいる自分には近づかないと考えて、火を炊くのだそうです。また踊りは、自分が元気であることをアピールして、「私はまだまだ死は早い、こんなに元気に踊っているではありませんか！」と、訴えながら踊る意味があるというのです。そして死霊が迎えに来たとしても、踊りで和んでもらいながら、間違っても自分には、死霊がひっつかないように、追い払う意味を含めた踊りであると言われていました。徳島の阿波踊りは全国で有名ですが、手先の振りは「来い、来い」と招くのでなく、「あっち

へ行け、行け」と追い払う振り付けであると、言われた人がいますが、真偽は別としても、何か当たっているような気がします。

お盆として、奉る日が終われば、今度は急いで（一日も猶予はありません）、せっかく一年一度、子孫に会いに来た先祖を、供え物（汚れてしまったとして）と一緒に、送り火や精霊流しなどで、焼いたり、流し捨てて、縁を切るのであります。

つまり、戻って来た先祖を、一刻でも早くあの世の地獄へ、送り返そうとする行為がお盆なのです。お盆の祭りの行事には、このように非情な意味が含まれているのであります（室町時代の文献にはそのような意味があったと記載があります）。

盆踊りや、送り火の行事は、心から先祖を敬い想うのであれば、やめるべきだと思います。

しかし、今は町内の親睦のためや里帰りした若者たちと喜ぶように行われている行事ですから、それはとてもよいとしても、「盆踊り」という言葉を変えて、地域夏祭りと言い換えたりして、仏寺から縁を切って、町内地域の行事としてやるべきものではないでしょうか。お経を上げてやるべき祭りではありません。まして町内会費から寺や神社に寄進することは、憲法第二十条三項に違反する行為となります。

お地蔵さんの救済の教義は、仏教にはない（地蔵盆のことも）

盆踊りが済むと、地域、子供会の名でもって、大人が中心にセッティングして地蔵祭りを行います。神戸で生まれた私は、小学三～四年生の時でしたが、各町内にあるいくつもの地蔵さんに、線香に火を付け、赤いよだれかけをしたお地蔵さんの前に立てて拝むと、お菓子がもらえる習慣がありました。私は近所の子供らと一緒に、地蔵を奉っている所を必死になって回り、お菓子をいっぱいに集め回ったことを思い出します。幼い時の思い出の一つです。

お地蔵さんが、子供を救う菩薩であるという教えからか、よその町会の子供でも、この日だけはどんな子供に対しても、とにかく大人の人たちは優しかった。

しかし、文献を調べておりましたら、地蔵像の救済思想は、初期仏教にはなく、キリスト教にあるというのです。驚きましたが、まだ仮説の段階だそうですが、資料を見せていただき、また仏教の経典など、よく判りませんが、参考書を開いてみても、確かに「地蔵」という言葉、児童救済という思想は、釈迦の教え、仏教経典では発見できませんでした。

地蔵の存在と救済の教えを説いたのは、ある説では、和歌山県にある高野山を開祖した「弘法

大師」であるというのです。この弘法大師は、すでにインドにおいて、キリストの弟子トマスが、キリスト教を伝えており、時代と共にキリスト教（景教）の影響を受けた密教が日本にも伝わったとされています。空海はその仏教的に変化した「大日教」に触れ、当時、日本ではあまり普及されていない景教の学びを仏教の学びも含めて、最澄と共に（宝亀五年（七七四年）─承和二年三月二十一日（八八五年四月二十二日））遣唐使として中国に渡って行ったのだというのです（大日とは創造神を表す。密教の教えの一つ、曜日の根本は、聖書に記された、神の創造の七日間から来ています）。

しかも、聖書の「初めに言葉があった。言葉は神であった」（新約聖書ヨハネ福音書一章一節）と言われたキリストの「真の言葉」の教えを含めた「真言宗」がすでに中国にありました。空海はその言葉を用いて開祖したのではないか、という仮説でした。仏教的な漢文の言葉でお経になっておりますが、聖書の思想、教えを基本にした密教として、教理が確立しているというのです。

そのためか、どうかはわかりませんが、高野山に中国西安の「景教」のレプリカ碑があり、そ

高野山にある景教の碑。文の内容は聖書の説明で、神の救いを説いている

の文は天地創造の神、三位一体、キリストの誕生、十字架の救いなどの教え、キリスト教が広く布教されていた歴史が漢文で説かれています。

聖書では幼い子供をイエスは受け入れ、この幼子のようにならなければ、神の国に入れないと、子供を重要な立場に説かれていました。更に、吉田源氏の資料によれば、高野山に十字架の紋章が入った井戸もあるとのこと。更に聖書の講義も昔はよくされていたとも言われています。

しかも、地蔵像の原型はキリスト像の姿を変形したものだというのです。

他国の仏教国には存在しない、日本独特のお地蔵さんの姿、形も、哲学である仏教の経典から、考えられない形であります。

地蔵の姿は、中国に敦煌《とんこう》という所があり、そこに大秦寺院という景教（キリスト教）の会堂がありました。その会堂内に描かれている弥施訶（メシア）キリスト像からではないかと言われているのです（メシア＝イ

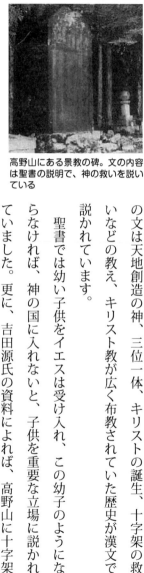

エスを英語でジーザスと言いますが、ジーゾウス＝ジゾウとなったとの説もあり？）。

次の図は敦煌（とんこう）の大秦景教寺院会堂で、一九〇八年、イギリス人スタイン（M.A.Stein）により発見され、原画は大英博物館に所蔵されていますが、ロバート・マクレガーによって模写、復元されたものが左図です。仏陀の涅槃と違い、杖を持つ立像の地蔵の形態は、このメシア像と非常に酷似していると思いませんか。おそらく弘法大師は、敦煌にも来て、この大秦寺院に入ったかどうかは知りませんが、ひょっとして見ていたかもしれません。

しかも、空海は「灌頂《かんちょう》」（キリスト教でいう洗礼）を受けています。そして洗礼名に「遍照金剛《へんじょうこんごう》」という灌頂名（洗礼名）が与えられていました。この洗礼名の意味は、聖書のマタイ伝一五章一六節の「あなたがたの光を人々の前で輝かせ」の漢語から取ったものだと言われています。

空海は、仏教が過酷な修行に励んで、悟りを確立する教えとは対照的な、信じる信仰によって救いがあるキリストの教えの頼りなさを、混合させて、幾分かの修行で導かれる思想を取り入れ、民衆に馴染ませようとしたのでしょう。同様に、子供の救いなどは考えられていない仏教に、キリスト教の子供を愛する教えを取り入れ、優しいイエスの姿を現すために、中国で見てきたメシア像を描いて、地蔵像になったのではないか、という仮説です（空海は漢文のマタイ伝を中国から持ち帰ったとの説があります）。

真言宗のお経は「南無大師遍照金剛《なむだいしへんじょうこんごう》」と唱えます。南無とは先達の教えを尊び習う、という意味があり、大師とは弘法大師のことです。訳せば、弘法大師があまねく人々に、光り輝く教えを告げ知らせたように、あなたも見習って、輝く人生を送り、教えを広めなさい、ということになります。この光とは世の光、イエス・キリストのことです。（真言宗では金剛は大日如来となっています）

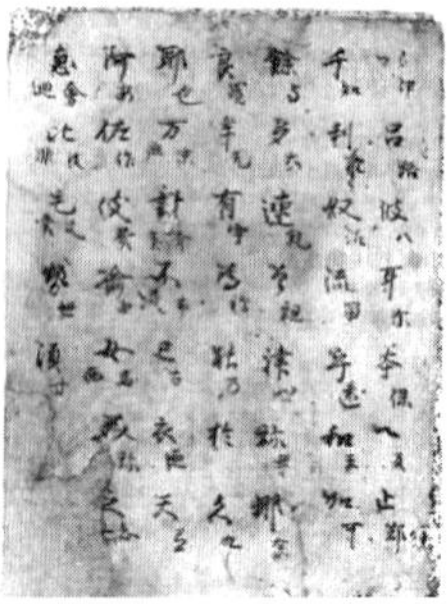

「いろは」の中に隠語でキリスト教の救いの言葉が隠されているという

高野山の法要の時、最初に胸の前で気合いを入れて十字を切ること、奥の院御廟前の灯籠に十字架がついていたり、景教碑があるなど、あながちキリスト教と真言宗は無縁ではないのではないでしょうか。

上の図は、空海が四十七音を教えると言って「いろは」を書いたものです。しかし、この空海の時代は表沙汰に書く手紙は普通の文章のようでも、本当に伝えたいことは隠語として、暗号的に含ませることが流行していました。「いろはにほへと、ちりぬるをわか」と書かれて続きますが、角の言葉三個所を読むと、「イエス」となり、行が変わる一番下の言葉、それを読みますと、「とがなくてしす」つまり、イエス・キリストが「咎《とが》なくして死す」という十字架

エ(ゑ)	ア	ヤ	ラ	ヨ	チ	イ
ヒ	サ	マ	ム	タ	リ	ロ
モ	キ	ケ	ウ	レ	ヌ	ハ
セ	ユ	フ	ヰ(ゐ)	ソ	ル	ニ
ス	メ	コ	ノ	ツ	ヲ	ホ
	ミ	エ	オ	ネ	ワ	ヘ
	シ	テ	ク	ナ	カ	ト

の救いを示したものだと言われています。このように、仏教には本来なかった救済哲学の思想が、いつのまにか混入され、変化されて、仏教の新しい教えとなっていったものではないでしょうか。お地蔵さんの祠のマークは、卍です。これはキリスト教の十字架が、東洋を経過して変形したという鉤型十字架なのです。つまり、キリスト教であるシンボルなのです。

日本の宗教も時代と共に変化混合していくものですから、あれ！と思うことは多くあると思います。もう一度歴史を振り返り、伝承だから、偉い人が言ったのは全部正しいとしないで、昔からの「しきたり」や習俗だからとそのまま受け継がないで、なぜそうなっているのか、当時の時代背景を考え、原点を学び直すことはよいのではないでしょうか。今の状況に、案外と「あれ！」

という疑念が生じ、本当のことが判ってくるのではないでしょうか。疑ってみることは大事なことです。

仏教の教えは無霊魂説（無神論）

死ねばみんな仏様（成仏）になると言っておりますが、仏典で「仏」という言葉は、生きている間に教えを悟り、人間として完成した者が成仏（覚者）した者であると、言われています。つまり、生きている間に、世の中の全てを悟って、完成した人間が仏者となり、戒名（中国で高貴な人につけたあだ名で、仏教の教えにはない）がつけられて有効になると言われているのです。はっきり言って、死ねば一切は空となり、身も心も霊も一切が無になる、というのが仏教の結論です。「一切有情、一切衆生」この世に生きる人間の、ありさまそのものに生きるために、「南無」つまり先達の説かれたことを敬い帰依して、「諸行無常なることをよくわきまえ、理性を働かせて「一切が空」になる前に、人間として自己を鍛錬し、完成をしなさい。命あっての

各種経本

物種。他の快楽（心地よい快感と楽しみ）に心と霊を奪われるな！という、この世だけの生き方を説いた教えが仏教なのです。お経には、人生の生き方、その常識的な娑婆（この世）での営み方が記されており、その先達の語られた文を、判読して意味を理解し、自らの忍耐と努力で、生きている間に人生の教訓、支えとしなさい！という哲学的な教えであります。つまりお経は、人生相談最大の教科書、哲学書と言えるようです。全ての人が宗派も問わず学んでよいものなのです。

本当の仏教はこのように無霊魂論であり、それが今では何にでも霊魂が存在するように説かれていますので、レールから外れた列車のように、教えを無視して勝手に走っているのが今の仏寺だと思います。

特に腹立たしいのは、ペットや物体、単なる石ころにまでに、入魂式や魂を抜く儀式やお墓など、仰々しい行動を取ってお金を儲けている輩《やから》が多すぎます。

初期の経典で、釈迦は「悟ったら、もう輪廻《りんね》の生死は

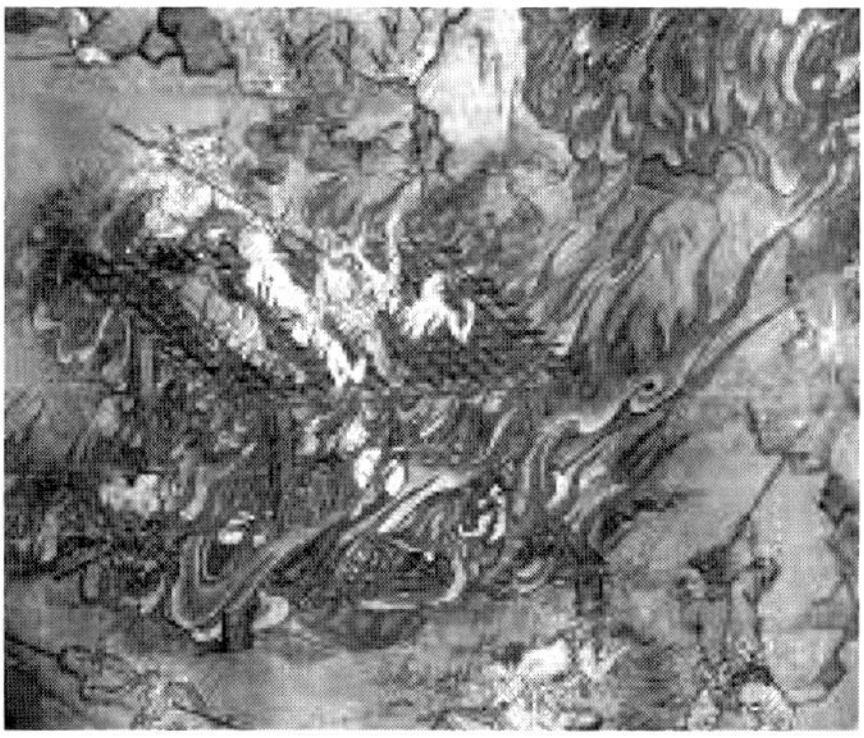

極楽地獄図（狩野山楽筆 安土桃山時代 約400年前）法量 前9幅構成（合計 縦3.5m、横11m）長岳寺に伝わる地獄絵である

解脱《げだつ》した。だから、後有《ごう》（死後の世界）は受けない」と言われていて、来世は必要ない、死後はないのだからと、魂の存在を否定していることが、文献に載っているのを僧侶は隠しています。

つまり、霊魂は存在しないと、説くのが本来の仏教でありました。しかし、日本では道元さんがインドに釈迦没後に生まれていた三時業（前世・現世・来世）の思想を発見し、取り入れて唱え出したことで、来世での自分の在り方が、現世の生き方に因って左右されると説き始めたのです。結果、目に見えない来世に期待を寄せると共に、輪廻転生の原理から、現実に目に見ている事物は、先祖の生まれ変わりと思われ、動植物のみならず、石や樹木などの物体そのものにまで、霊が存在するように考えられ始められたのではないでしょうか。

さらに室町時代頃から布教という使命のために、まったく仏教経典にも記されていない、半ば脅しのように、信じなければ地獄へ落とされる、餓鬼などへ生まれ変わるぞう〜と、恐怖心を喚起させて折伏《しゅくぶく》させることが起こりました。そして時代と共に先祖の霊や、守護霊、背後霊など、人間の想像で言葉巧みに本来ないものが想像してつくり出され、民衆を仏教に帰依させようとしたのです。しかも文明が発達した、近代になればなるほど、あらぬことを考える変な人物が、多くの霊の種類を新しく作り出し、民衆を惑わすだけでなく、お金や財産を狙う輩が多く輩出してきました。特に昨今は、コンピューター映像で、表現する能力が優れてきて、実際には存在しないものや、目に見えないものまで、人間が想像して描かれたものがリアルに表現されるようになってから、更に恐怖心が助長されて信じる人が出てきているのです（カルト集団によるマインドコントロールで、純真さが残る若者が、影響を受けております）。最近は情報媒体が個人的に、自由に取り扱われるようになって、相談相手や共同で話し合う結果にならないまま、その偏狭な情報を受け入れ、意識の中に、思い込んで抜けきれない状態が生じるのです。仮想のものを現実感として植え付けられ、同じ情報を受けた者同士が、共通の話題になって、とんでもない虚偽であっても、真実かもしれないという洗脳された人物と化してしまうようです。ここで在りもしないことまで、存在するかのような錯覚を、共通の話題の中で現実化していくのです。これが映像のマジックで、怖いところです。

特に最近は、映画も、テレビも、視聴者受けを狙い、漫画感覚で、心霊写真やパワースポットなどと称して、ＣＧを駆使して描き、霊を捉えたと言って、スリルと恐怖心を提示する作品を捏造する傾向が多くなっています。すると、大切と思っていた霊に対して、幸せにしてくれると思っているはずのものが、心が落ちつかず、何か嫌な思いと、怖いという思いが生じて、幸せ感も吹き消されていく気がしませんか？

　これら霊に対しての恐怖心は鎌倉、室町時代にできた、地獄思想に関係しているとも言われております。このように、たわいもない映像や言葉でも恐怖につながり、気にしてしまうのが、霊魂主義で培われてきた日本人の気質なのでしょう。

　恐れに囚われず、自由に生きることが本当の幸せですし、それを告げるのが真の宗教です。一つ忠告したいことは、信じなければ、「地獄に堕ちるぞ」「不幸や病気になるぞ」などと、恐怖心を与える宗教は偽宗教です。先祖が「悲しんでいる」「苦しんでいる」というのも同じです。占いも然りです。人間に共通なことで、自分のことが言い当てられたと勘違いさせ、褒め言葉と脅し文句で語るだけで、決して霊の力や運命などの影響はありません。人は脅せば気になるもので、金が取れる心理作戦です。全く無視して結構です。

　ご先祖があなたに罰を与えるようなことは、絶対にありません。本当に心配は要らないのです。天地と人を造った創造主なる神があなたの味方、親なのです。全能の慈愛なる神が私たちの味方として共にいてくださるならば、悪魔も悪霊も恐れることがありません。聖書はそう書かれています。

仏教は葬式をしないのが本当？

釈迦が語ったとされる仏典に、来世（後有）がないと明記されているのですから、それを極楽に行けるとか、期待した弔いは不必要です。三途の川だってそんな教えはありません。死ねばそれで一切が無になり、霊魂がないと言っていますのに、六文銭を用意したって誰が（何が）渡れるのでしょうか。

釈迦自身、死に臨んで出家の弟子たちに「君たちは私の葬式に関わってはならぬ。それは在家の信者たちが適当に計らってくれるだろう。君たちはただ法《だるま》（仏陀の教え）に生きよ」と言われました。王族の出であるため、死んでも付き人（在家の信者）が面倒見てくれるから、心配は要らぬ。おまえ達は、私の死に関係なく、自分の修行を行いなさい。と言っているのであります。

事実、インド仏教では、長い期間、僧侶は死者儀礼に関わらなかったそ

インドのガンジス川にて、死者を茶毘にふす所。大きな薪は燃料だけでなく、死体が焼かれる時に浮き上がらないように重石にもなる。家族の目の前で焼かれ、灰になればガンジス川に流される

うです。死者はガンジス川のそばで茶毘《だび》（火葬）に付して、骨と灰は河川に流して、それでおしまいなのです。葬式も墓もありません。ただ彼らは、輪廻転生を信じていますので、四十九日がくると、死んだ人は、再び人間になってくるか、あるいは動物（畜生）になって生まれ変わってくるので、墓などは必要がないと思っているのです。死ねば必ず、地獄か天上（神々）に生まれ変わるのだから、この世に墓は不必要として、作らないのです。

日本でも、奈良仏教の寺院の僧侶さんらは、葬式をしていなかったのです。

しかし、今は遺族の願いもあったのでしょうが、寺院は葬儀屋さん、墓石屋さんと提携を結んで、葬式料と墓地販売の利益だけでなく、墓石の紹介料（リベート）や管理費などで、大きな収入を獲得されているお坊さんが多くおられるのです。

それだけではなく、仏教の本来の教えにはないのですが、不信心の者が死ぬと、必ずその者は、

地獄に堕ちるという教えがあると今は言うのです。そのために、葬儀をする当人が、今までお寺に関係がなく、仏心がひとかけらもない不信仰の人が亡くなった場合、高額な葬儀費用をもらった以上、葬儀を営むためにも、葬儀屋さんやお坊さんは、その人が地獄へ堕ちることを、心に思っていても言えません。そこで、葬儀を営むものとして、遺族が悲しまないために、またお金をもらう弁明ができるために、死んだその人が、生前仏教に帰依しておりましたよ、地獄には行きませんよ。その証拠に、「ほれ！このような寺に帰依した証拠に戒名まで収得しているではありませんか」といって、その場で書いた戒名札を見せて、極楽浄土へごまかしてでも入れてやろうという、お坊さんの暖かい心で、ご自分の懐が暖かくなる配慮を考案していったのです（戒名については次に書かせていただいています）。

あるお坊さんの話では、信心なんてこんなもの、やり方ひとつですよ。ホトケさんとはそういうものですよと言っておりました（ちょっと寂しいバカバカしい気持ちと共に、少し憤りを覚えませんか？）。

戒名は生きている時にもらうもの。死ぬと意味がない

院号とは、もともとは天皇が退位した後に居住した別院の名前という意味があります。また、寺院につける名前でもあります。戒名に用いられるようになったのは、寺院を建立した人を敬って院号で呼ぶようになったことに由来しているといわれています。

その由来と功罪（ネットから転載）

『新・佛教辞典（中村元監修・誠信書房刊）』によれば、法名とは「出家授戒の時、俗名を改めて授けられる法の名字をいう。また法名は授戒ののち授けられるものであるから戒名ともいう」と書かれています。しかし、仏教の開祖・釈迦つまりお釈迦様の時代にも、その後の仏典にも実名を改めて戒名を名乗る制度はなく、発祥は中国だといわれています。

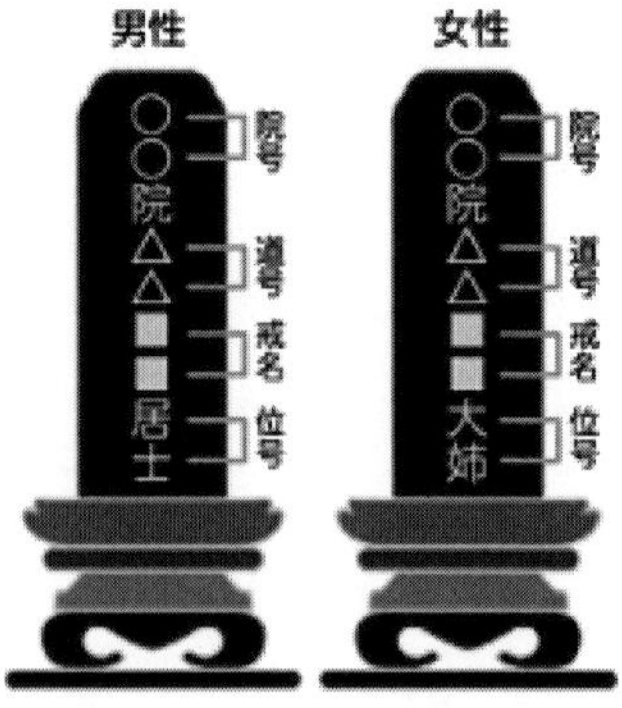

仏教の中国伝来は一世紀ごろで（サンスクリット仏典の漢訳は二世紀になります）、そのころ

中国では、高貴な人の実名を直接お呼びすることを、畏れ多いとする実名敬避の習俗がありました。この実名敬避の習俗は、「周」時代から「漢」時代に掛けて「礼制」へと高められ、実名を諱（イミナ）と称し、直接呼ぶのを避け、その代わりに男子は元服すると実名とは別の名前「字（アザナ）」で呼ぶことを礼儀としていました。このような習慣のなかで出家信者の道を歩むにあたり、俗名を改めて戒名を名乗る考え方が、自然にそうなっていったのでしょう。当時、字（アザナ）は二文字が定番でしたから、戒名も二字になったと言えます。日本で最初に正式な授戒をしたのは、聖武天皇で754年に中国からの渡来僧・鑑真（688年〜763年）により「勝満」の戒名を授かったと言われています。」

この文章はネットから頂戴したものですが、このように、本来の仏教では、教えられてもいない、単に中国の習慣を取り入れて「戒名」として取り込んでいるのです。しかも生前、功徳を積み、修行した度合いで「戒名」の位（差別化）が与えられていくものだとして、勝手に取り決め、差別をして金額に差をつけて、高額になれば良い戒名をおつけしますよと、儲けのために用いているのです。しかも更にあくどいことは、極楽に行きますと、その戒名によって、天上での立場が変わるのだと、いわれもない考えを生み出し、たとえ極悪人でも、膨大な金額で買ったその戒名が功を奏し、極楽で高貴な存在となり、お釈迦様に歓待を受け、安泰なる生活が営まれるという話です。戒名そのもので極楽生活が決まるようですから、その人物が生前に、信心深い人物か、否か、死んでからの極楽では判断が付かないのだそうです

要は生前にもらっている「戒名」の名前次第で極楽での差が出てくるということです。そのために、あくどい僧侶は喪主が金持ちで、お金が取れると思えば、足下を見て、戒名の値段をふっかけていくのです。判っていない愚かな遺族も見栄を張ってお金を注ぐのですが、実話を一つ言いますと、K葬儀社の偉い人の話で、大会社の会長が亡くなり、遺族に戒名料四千万円を要求したそうです。遺族はあまりにも高額なので、相談を受けたそうです。お坊さんに交渉を持ちかけたら、即座に二千万円になったそうです。その場の行き当たりばったりの料金で、何を基準に戒名料を要求するのか全く根拠はなく、払わなくてもよいものです。極楽の入口にいるだろう、お釈迦様も閻魔さんも生前の行状が分からず、お金で買った戒名か、真実の功徳による戒名かの判断がつかない、いい加減な無知な人物であるのでしょうか？お坊さんのやることは馬鹿げた愚かなことです。戒名は、普通の男性は「釈○○信士」と書き、女性は「釈○○信女」と書きます。これは、釈迦牟尼仏の仏子になった意味で、これでありもしない極楽へ入れるパスポートをもらっ

たことになります。

　しかし、残された遺族にとっては、生前の社会的立場の手前、故人を他人より良い立場に立たせてあげたい、という愛情（?）で、「○○院○○○大居士」と「戒名」を付けるものだから、法外な戒名料を取られるのであります。地獄の沙汰も金次第、極楽の沙汰も金次第であるのです。

「○○院」というのは、生前「私は寺院を一軒建立して仏法のために尽くしましたよ」との意味ですから、お坊さんも開き直って、「今時、一軒寺院を都会の中に建てたら、五百万円や一千万円では済みませんよ。それに比べたら、五百万円の戒名料は安いものですよ」と、一筆したためるだけで要求をして、平然としているお坊さんがいるから、嫌われるのではないでしょうか。

　しかも、仏典にもなく、いつから始まったといっても、海外の本家の仏教国でも一切行なっておらず、日本だけの坊主の金儲けの協定であって、せいぜい江戸中期から、キリシタン禁制の発布以降の独占企業のような立場になってからの話です。しかも来世がない仏教の教えですから、古い中国で流行していた、尊敬する意味でのあだ名であるのを、「戒名」ということで、変な習字で書いたものでランク（差別）をつけ、通行証代わりに発行する必要はないと思うのです。火葬は、現在行わなければ、日本では法律違反ですから、それだけ済ませ、灰になった残骸も、勝手に埋めたり、捨てたりするわけにはいきませんので、法律で定められた最低でやればよいと思います。キリスト教ははっきりと天国があることを示し、救いは行いやお金で左右されません。当然葬儀をする上での経費は必要ですが、良い説教をしたから金額が高くなるとか、いかなる宗教の葬儀をしても、その人がかならず天国に入るというわけでなく、一旦全ての人物は眠りにつき、貧富行状地位名誉一切関係なく、全ての人は復活させられ、生前の隠れて行った行状の記録（命の書）に従い、神の裁きがあることを物語っています。故にキリスト教葬儀は全ての人に平等なのです（ただ、葬儀の飾りは遺族の希望ですから、葬儀社の飾りで価格は変わりますが、キリスト教葬儀そのものは全ての人に対して牧師は平等です。牧師への謝礼も遺族の気持ちに一任されています）。

仏壇ができたのは江戸時代から

仏壇に関する内容が日本の歴史に初めて登場するのは、日本に仏教が伝来してから一〇〇年ほど経過した飛鳥時代のことです。飛鳥時代は古墳時代、聖徳太子が摂政になった推古天皇元年（五九三年）から藤原京への遷都が完了した持統天皇八年（六九四年）年にかけての一〇二年間のことです。『日本書紀』には、天武十四年（六八五年）、天武天皇が「諸国、家ごとに、仏舎を作りてすなわち仏像及び経を置きて、礼拝供養せよ」と勅令を出したことが記されています。もっとも、ここで言う「家」とは、一般庶民の家ではなく、国司の庁舎を指していると考えられます。現存する最古の仏壇で、現代の仏壇のルーツと言われている玉虫厨子もこの時代のもので、奈良の法隆寺に国宝として安置されています。

「厨子」というのは、大切なものを安置する扉のついた入れ物のことで、玉虫の羽による美しい装飾が施されているため、玉虫厨子と呼ばれています。

仏壇を持ち始めたのは奈良時代で、国策として仏教が発展した

時代でした。この頃の仏教はまだ貴族階級だけのものでしたから、一般の庶民には縁のないものでした。一般庶民に仏教が広まり始めたのは、室町時代中期、浄土真宗の蓮如上人が仏教の信仰を深めるために各地を回り、皆が仏壇を持つように説いたのが、庶民が仏壇を持つようになった切っ掛けと言われています。しかし全国の家々に仏壇が宗派に関係なく広まり普及したのは、江戸時代に入ってからでした。それは、江戸時代初期、キリスト教の信仰を禁止した幕府は、全ての庶民に対し、「キリシタンでないことの証明」として、全員がお寺の檀家になることを命じた、檀家制度を制定しました。また、裏切り者がいないかチクり合うために、五人組制度を設け、厳重にキリシタンを排除する政策が行われました。これが「寺請制度」となって、宗門改めにおいて、禁制された宗派であるキリシタンの信徒ではないことを、寺僧が檀家たることを証明する寺手形様式なるものを発行して、檀那寺の檀家である証明をしました。例えば若狭小浜藩の、一六三五年（寛永十二年）の五人組の連判手形に〈頼候寺〉（檀那寺）に請印をさせ、宗門

本来の仏壇

人別改帳に連判を押して寺檀関係の一般的成立を強制し、檀家には仏壇を持つことが命じられたのでした。江戸時代の中期になると、キリシタン禁制の迫害が一層強まり、全国的に「高札」を村々に立て、五人組制度の組織でキリシタンを根絶やしにする政策が発布されたのでした。五人組の組織に入らないものは当然処刑されるし、五人組の内、一人でも怪しいとなると、その五人全員が獄門に付させられ、処刑される制度でした。家族の一人でもキリシタンが出れば、親族までお家断絶、家もろとも没収され、部落から追い出されてしまう残酷な制度でした。そのために自分の家はキリシタンではないとの証拠に、信仰があるなしにかかわらず、家ごとに仏壇が設置されていったのです。そして監視を任されたのが寺請制度に協力した寺でした。そこの僧侶たちが部落や村を巡視していたのでした。寺僧が月一度の仏壇のお参りと称しつつ、家族全員を集めてのお経を唱えつつ内部を監視していたのでした。しかし、訪問したその寺僧の待遇いかんにより、その僧侶が気に入らなければ、一言でキリシタンだと言われたら、財産も何もかも壊滅させられ、悪くすれば家族全員処刑されるものですから、こぞって豪華な仏壇を備え、丁重に出迎え、キリシタンではないと表明して

現存する高札場

いったのです。この名残が今も継続されて、現代のようにどの家にもお仏壇が祀（まつ）られるようになったのです。先祖を尊ぶためではなかったのです。

お墓ができた理由

お墓の起源は正直不明です。母猿が亡くなった子供の亡骸を、いつまでも離さない行為は見受けられますが、葬る行為はありません。人間にだけある不思議な行為なのです。一五〇万年〜五〇万年前のネアンデルタール人がイラクの高地にあるシャニダールの洞窟に、七種類くらいの草花や死者が使用していた石器を、遺体に手向けて埋葬していた遺跡が出てきたと言われています。つまり動物と人との違いは葬ることをするかしないかの違いであるとも言えます。神が人間にのみ霊を吹き入れたと、聖書に書いてあるように、霊は神を信じる本能行為ですので、人を神の元へ戻すという行為が、葬りとして表れているのでしょう。しかし葬りの象徴としての墓で有名なのはエジプトのピラミッドですが、高貴な人物の墓のみで、一般人は俗に風葬と言われる特定の場所に捨てられていました。日本では縄文時代、弥生時代の頃には、お墓という概念があったようですが、合祀型のお墓で現在のようなお墓ではなかったのです。飛鳥時代に仏教が伝来したのですが、本来の仏教経典では、墓に葬る教えはありませんでしたので、この頃はまだお墓とお寺は直結していませんでした。奈良や平安時代の頃も、貴族の間でもお墓という概念はなく一定の場所に捨てられていました。一般庶民の遺体も、貴族と同等もしくはそれ以下の扱いをされていたようです。

実は現在のお墓の様式が生まれたのは、キリシタンが伝来し、聖書の教えで、復活したキリストが、再びこの世に来たるという再臨信仰がありました。その時には信者が一斉に復活するために、その状況に応えられるように墓を用意して葬ったと言われています。現在風な墓として日本最古の墓は、大阪府四条畷市千光寺跡から、田原城主のキリシタン墓碑が出土しました。「天正九年（一五八一年）辛巳 礼幡（レイマン）八月七日」の銘が刻印されたものでした。その後キリシタンの迫害が生じ、潜伏していったキリシタンたちが密かに土中に隠れる部分に十字架を施し、見かけは普通の墓にして埋葬したり、地蔵像の形にしつつも、背の裏側に十字架を刻印して葬りました（加西市などに多く見られます）。一般の民はキリシタンと思われては処刑に会うために、

逃れるために仏教の教えにはない葬りの習慣を取り入れ、「我々はキリシタンではない、先祖を尊ぶしきたりだ」として、キリシタン墓碑を真似て、現在のような形の墓をつくり出したとも言われています。全国的に切支丹禁制の高札が出た江戸中期から、現在の形の墓が仏教寺院と結びつき拡大していったと考えられています。ですからお墓はキリシタン同様、復活して欲しいとの表現とも言えます。

仏陀の来世がない教えに、不服で生まれた三時業
釈迦仏教はあの世を考えないのです。

釈迦の述べた「悟ったら、もう輪廻の生死は解脱《げだつ》した。だから、後有《ごう》は受けない」と仏典にあると言いました。この世での生きている間の仏陀（覚者）になることが仏教の教えで、人生の苦悩から脱するために涅槃《ねはん》（ニルヴァーナ）を求めて修業し、図らずも菩提を証した（悟って覚者となった）釈迦の仏教には、神（創造主・唯一神）もなく霊魂（個我＝アートマン）を否定し、この世だけの生死に関心を寄せ、神や仏に頼る他力の救済でなく、自分の生き方を勧める教えで

あります。

死ぬまで、自分で努力して苦労を重ね、滝にも打たれ、山河を行脚して慈悲を施しても、要は自分が悟ったらそれでよいのではないか。人がどうであれ、修羅場で金品富豪の立場に立っても、どちらも死ねば終わり、「ハイ、それまでよ。あの世のことなど、わしゃ知らん」、仏教の教えは極端に言えばこんな教えであります。釈迦は後世を説きませんでした。あの世のことなど「わしゃ知らん」と、悟りきったお釈迦様が言っているのであります。

そんな生き方が、悟っていることであれば、この世に生きている間に、贅沢三昧、悪いことでもして優雅に暮らして死ぬ方がよいのではないか。そう思うのは、生存本能がある人間ならば、全ての人がそうであります。

釈迦のこの世で終わりとする教理に納得できなかった道元さんが、釈迦滅後一〇〇年から二〇〇年頃に編み出された部派仏教に「三時業《さんじごう》」（前世・現世・来世の三時にわたる行為）なるものがあることを知り、そして今生《こんしょう》で、「善因楽果・悪因苦果」の業報《ごっぽう》（業の報い）があると、

曹洞宗を開き、永平寺の開祖となった道元禅師は1200（鎌倉時代・正治2）年正月2日生まれ

仏陀の教えとは別に、新説を唱えたのであります。この世でいくら働いても貧乏のまま、反対にさほど偉くもないのに、親のお陰で豪遊している者がいることの現実に、勘定が合わぬと思うのは人の常です。そこで道元さんは、「次生で、いや次々生で必ず勘定が合う」と言われました。そうでなければ、悪いことばかりして金を儲け、小さい者を足台に踏んで、その者をだまして、自分の名誉と財を築いてのさばり、悠悠自適の生活をしたまま、豪華に亡くなる者がいるかと思えば、親切で施し続け、自分より他人を助けて貧しくなり、苦労をしても一切報われず、ただ強欲なものに虐げられて、文句も言えず、我慢し続けた末、寂しく亡くなる者がいる時、この世で、それで一切が終わるなんて、納得がいかない。必ず報われるところがなければならないと考え、自分の気持ちを慰める思いで、ヒンズー教の輪廻転生説も受け入れながら、部派仏教の中の「三時業」を基本に、新しい教義を確立したのであります（三時業とは善悪の業を、その結果を受ける時期で三つに分けたもの。今の生で報いを受ける順現業、次の生で報いを受ける順生業、次の次の生以後に報いを受ける順後業の総

称)。

当然、釈迦は、出家する前は、王家の豊かな暮らしをしていて、何一つ不自由もなく過ごしていたため、一般庶民の生活や心など、よく知らなかった。ある時、王宮の屋上から、町の住民が飢えて死ぬありさまを見て、付き人に「どうして彼らは死ぬのか」と尋ねた。「食べる米がないからだ」と返事をすると、釈迦は「では、お菓子を食べさせればいいではないか?」と答えたそうです。

釈迦は、自分の環境の苦しみから出家したのではなく、満足しすぎて、ちょっと世間の人々がなぜ病気をするのだろう、なぜ、そんなに年老いてまで働かなければならないのだろう、なぜ、苦しんでいるのだろうかと、「生病老死」に興味を持ち、好奇心で、違った生活をしてみたい。

そんな贅沢を考えて、外へ出たのだから、どこで死んでもそれでよいのではないか、という思いであったのでしょう。別に来世で報われなくても、もう自分は飽きるほど満足をしてきた。今も多くの弟子が世話をしてくれているし、神がいなくても、霊魂のことだって、そんなややこしいことはいらない、自分は自分なりに好きなように

生きてこられた。それで充分じゃないか。あの世なんか要りません。そんな状況から「無の哲学」「あきらめの哲学」が生まれたのではないかと言う人がいました。つまり全く庶民や貧民の生活や心など体験的に判ってはいなかったのではないでしょうか。

しかも六五〇年も経た後に、時代とともに紆余曲折して変化をしてきた伝説を、それぞれの国の風土や他宗教の影響も受けたであろう状況に、見たこともない釈迦を、ただ美化された言い伝えだけで神格化し、編纂されたのが仏典ではないでしょうか？ 果たして、本当に釈迦が語った言葉が経典に記されているのかどうかも、疑問を感じるのは私だけでしょうか。日本で言うなら室町時代に生きていた一人の人物が、話していたことを、今現実のように真実を書き上げるようなもので、司馬遼太郎先生でも難しい話です。

さて、新約聖書の場合、その内の手紙の多くは、イエスが処刑されるまで彼と一緒に過ごし、イエスを目で見た人々が、実際に体験した出来事を思い出し、手紙に纏められて生まれたのが新約聖書です。手紙を読む人も、キリストを現実に見ていた人がたくさん生きており、状況を認識している時に書かれているわけですから、その史実の信憑性は、格段の違いがあります。いずれが正確で真実か、信じるに値するのかは、時代が六五〇年も経過し、何百人何千人の口を通して、伝言ゲームのように伝え聞いた話を、推測してまとめた教典から学ぶか、生きている時に直に触れ、死んだありさまをつぶさに見ている人たちが記録した手紙を集めた聖書を学ぶかは自由にしても、歴史の史実性からして、聖書が真実を表しているのは明白です。宗教は歴史に実在し、正しい事実を信じることが大切だと考えます。

宗教や哲学は、理想像を持つことはよいとしても、空想を描き想像されたものを信じることは、虚しいことです。歴史上に生きていた現実が大切なのです。宝くじに当たればいいなあと思うのは自由で楽しいものです。しかし、歴史上に存在している宝くじを買い、現実に当たってみないと、理想を描き想像していたことは無駄な皮算用、無意味な思考力を動かしたに過ぎません。

地獄を恐れる日本人

ある国からかい間見た思索1

地獄の思想ができた時

ウソをついた人が、舌を抜かれる様子です。他にも血の池地獄や針の山等いろいろです！

地獄の思想は、仏教が中国に伝来した当初にはなかったようです。しかし、中国のある地域に、ヒンズー教やバラモン教の、悪いことをすれば罰を加えるとする守護神（守ってやる代わりに言うことを聞け）が入り込み、その思想が仏教と結びついたと言われています。そして、信じる行為が、お参りをする行動に表わされるようになり、お参りすれば、罰が当たらないようになる、と変化し、信仰心を計るように修行や行事が行なわれ、民衆を集めて教えておりました（一部キリスト教の天国と地獄の教えが入る）。

そんな折、日本人の高僧らがインドや中国へ行き、仏教を極める目的と共に、布教方法の学びが始まりました。当然に、仏教でもない教え、権威づけるために恐れる宗教、思想をも学んだということでしょう。そして帰国後、仏教の流布の一環に脅すこと(折伏《しゃくぶく》)が一番早いとの考えが進められました。絵描きさんに頼んで、バラモン教とヒンズー教の地獄思想を、日本に合う仏教的に独自の画法で書いてもらいました。その絵の出来栄えがあまりにも素晴らしく、リアルだったので、文字が判らず経典を読めない民衆は怖れ、その苦しみから救済してくれる如来様に、助けを求め大きく拡大していったと言われています。

三途の川、針の山、釜ゆで、血の池地獄など、子供が親の言うことを聞かない時に、脅す言葉を絵にしたようなことで、今ならば、孫に「注射を打ってもらうぞー」と言えば、だいたい親の思うように動いていることに似ていると思います。

お釈迦さんは、あの世などはないと言っておりますし、「神も仏もあるものかぁ」と叫んだ当人です。ですから地獄も閻魔さんも、仏も神もない、霊の存在すら否定した無神論、無霊魂説が教義ですので、死亡後に地獄行き、極楽行きと付加されて、生きている人に恐怖心を与えて仕分けられるのがおかしいのであります。死んで無に帰した釈迦を崇め、祭りごとを執り行なう行為もおかしいのであります。今や恐れの信仰を受け継ぎ、又それを材料に、脅しの行事が行われています。

タイの国へ旅行した時、それが少し判りました。「仏教の国タイ」と言われていますが、感想を述べますと、バラモン教とヒンズー教に仏教思想を混入した仏教国だと思いました。仏教の思想が融合し、形成されているようですが、歴史を見ましたら、王様が権力を維持するために、本当の仏教では、政治経済を発展維持できる思想は生じてきません。罰がなければ、人は安逸を求めるだけですから、王のために働くことができません。階級制度も維持できなくなるのです。王宮制度を維持する国は、必ず権力維持のために、宗教を利用し、必要としているのです。実際にカースト制（差別階級制）を目にすると、政治のあり方がやはり大切であると思わされます。

タイがどうしてこんな国であるのか、仏教国であり、国民の80％が仏教信者、後3％がイスラム教で、1％がキリスト教だと言われています。
仏教は本来どんな人間でも、修行により仏、仏陀（覚者）となっていく平等思想です。だが、

写真で見ても判りますように、正直に言って、日本で考えられる仏教寺院は一つも見当たりません。仏教遺跡として残っているところはパゴダという土と石の塔だけです。バラモン教とヒンズー教の輪廻転生の合体、そこに仏教的な修行の掟が入った形であることがわかるのです。仏像は飾られていても、周りの守護神はバラモンであり、壁画の教えもバラモンとヒンズーの神が戦っている図があって、釈迦が説く絵画は本当に少なく、意図的に仕組まれた権力者の構図があるように思えてきたのです。

そこで、話はそれますが、タイの仏教とバラモン教との関わりに少し触れてみますと、タイ仏教に深い関わりを持つバラモン教は、近年の十五世紀ころまで栄えていた、隣国のクメール帝国から伝来したと言われています。当時のクメール帝国は、現カンボジアに相当する大王国で、その文化は護国寺アンコールワットに象徴されるように、インドのヒンズー文化の影響を色濃く受けておりました。

その帝国の知識人や宗教家たちを、エヌメール王朝崩壊と同時に引き抜いた時から、タイ仏教のバラモン色が強まったとされています。では、なぜ仏教国にバラモンなのか？当然仏教は、

クメール文化の象徴であるアンコールワットの遺跡

バラモン思想として生み出されたものではありません。これは、王制維持のために必要なグッズとして導入されたのだろうと、現在は考えられています。つまり、上座部仏教だけでは、王制を確固たる地位存続できなかったのです。

上座部仏教における頂点はもちろん仏陀。悟りを得て涅槃に入った人であります。この仏陀は、誰でも厳しい修行さえ積めば到達できる（到達したものがいたのか、実際にできるのかは別問題で、ともかく、チャンスがあることを説いています）。ですから仏教の教えに反する、階級制度と輪廻思想、生前に上の者に仕えることが、新しい世における道が開かれるという風習は、仏教の国タイとは言いにくいのではないでしょうか。わずかに見させていただいた、観光地だけがそうなのかもしれませんが、恐れると真実が見えなくなってくるものなので、外国から単なる客として深くも知らないで、垣間見たものだけで偉そうなことを言うことは間違いであるかもしれませんが、その内部にはまり込んで、外からの目を失うことも一番危険であり、鎖国のように、ある国に似て外部の情報を遮断されて、マインドコントロールされてグローバルな感覚を失ってしまうことは、判断を誤らせていくと思います。

地獄があることは独裁者に都合がよい

ある国からかい間見た思索2

どんな人間でも、努力次第で高い地位に到達できる。その機会が平等に与えられていることは、絶対君主制を築こうと思っている者にとって、非常にまずい思想であります。国王は絶対であり、神のごとく、全ての頂点に立って崇拝されねばなりません。国民はレベルが下の者でなければ指令系統もうまくいきません。それを平等思想が基本にあると、権力による統制、統治に説得力がなくなってしまうのです。ところが、仏教信者とは、世俗を捨て、全ての欲望を断ち切った人を指しています。豪勢に暮らしたり、権力をふるったり、他国と戦争をしたりする人に、絶対になってはならない教義であります。

これに比べ、闘争と権力と破壊を説くのが、バラモン教なのです。

バラモン教の国であったクメール帝国の歴代王は、自らを神の化身と称して、絶対権力を持って国家を統一しました。神がこの地に再臨しているのだから、人々はひれ伏すのみ。これをアユタヤ王朝は見習ったのでしょう。

王は天上界を支配する神が転身して地上に姿を現したものであり、王は人間の姿をした神であるのです。そう宣言することによって、王は大衆の尊敬を得て、権力の絶対性を高めていったのであります。

アナンタ竜王の上のヴィシュヌ神

これは第二次世界大戦終結前まで、日本の天皇が、現人神《あらひとがみ》と名乗らされ、その権力と絶対性を維持していたのを、軍部の長が利用したことと同じです。今もタイの国にはどの家庭、職場にも王家の肖像が掲げられていて、その前に礼拝する様式が見えます。しかもバラモン教では、ヴィシュヌ神が地上に現れる時の仮の姿が、仏陀ということになっているのです（神は合計十の姿を持っていると言っています）。この話には、バラモン信者の信仰の確かさを試すために、神が異教の伝道者である仏陀に、転生して監視することになるのですが、支配力強化に使える教義とも言えます。

タイの王宮

独裁者は宗教、国策の立場を一切問わず、権力維持のためには何でも利用しようとします。仏教とバラモン教の両者を合一させるのは、正直、教理では無理な話であるのですが、何でも利用するバラモンと、何でも受容する仏の「無」が、異教と思わず同族だと思って対応する寛容さ（無責任さ）が、不思議と融合できているのかもしれません（日本人も似たところがあります）。とにかく、権力を維持するには、宗教の利用価値は大変に大きいものです。

さらにバラモン教独特の選民思想も、大衆支配にはとても都合がいいのです。ヒンズーのカースト制度を用いて、生まれついての身分を決めてしまえば、国家が統治しやすいからです。こうすることで、

①下から上への反乱は許されない。
②支配者は常に偉く、不可侵である。

屈辱を余儀なくされる大衆には、ヒンズー教の輪廻転生思想を同時に教え諭され、前世での不幸や苦悩は、タンブン（修行・功徳・寄進）不足が原因であり、改善のための手段は、この世においては身分がそうなんだから不可能であり、ただひたすらに来世を夢見て、上に逆らわず精進に励めば、良い身分に生まれ変わる可能性がある、と教え込むのです。

絶対権力を高めるのに、これほどいい材料は他にありません（江戸時代、士農工商の差別も日本の仏教が、幕府と一緒になってヒンズーの教えを取り入れたものです）。

タイの国に限らず、今もはびこる日本の身分差別は、ここに端を発しているようです。こうして仏教国タイに絶対神がもたらされたのです。

タイの王室行事にバラモン教的なものが多いのも、その絶対性と神性を維持擁護するためには、必要で欠かせないものでしょう。王室にはバラモン司祭が常駐しており、彼のご託宣によって吉祥日時を決められ、行事を執り行うのです。仏教の最大擁護者であるタイ国王でさえ、バラモンの命令に従うのです（最近は以前ほどおおっぴらにバラモン行事を行わなくなったと言われていますが、日本の皇室には神道の神官が在任し、宗教行事を現在も執り行い、天皇に強いています。

又、総理大臣は国民を代表するから、靖国神社にお参りしないことは、国民を愚弄することになると教えられて、近隣諸国の感情を無視させる行為も同じであります)。

極楽浄土に行きたいですか？

極楽は釈迦没後六〇〇年後に考え、作り出された思想で、釈迦が説いたものではないのですが、笑い話で、ある牧師が、ご老人が多く集まる団体の会合で、「皆さんは、天国と地獄のどちらに行きたいですか？」と質問をしたそうです。すると全員が大声で「テンゴクーっ！」と答え、手を上げました。牧師は「では、今すぐに行きたい人は手を挙げて⁉」と、尋ねたところ、全員あわてて手を下ろしたそうです。余命幾ばくもないようなご老人であっても、まだまだこの世に未練があるのですねえ、という話をしておりました。あなたは地獄でなく、蓮の花咲く極楽浄土に今すぐ、ただで連れて行ってあげると言われたとしたら、いかが、お返事をなさいますか？川柳に「お迎えが、来たら留守だと、言ってくれ」とある重病人が詠ったそうですが、この世で苦労する毎日を過ごすより、素晴らしい涅槃に至る極楽浄土でも、すぐに行きたくないと思われるのはなぜなのでしょうか。人間は一度はみんな死にますから、その時はあの世を信じ、三途の川

を渡り、極楽浄土に行きたいと、口にする老人の方々を多く知っています。でも、天国や極楽が、素晴らしいものと思っていても、たとえ死んでもこの世に残りたいと、お墓を造り、本や業績、遺影を残して、自分の面影を少しでも子孫に残して、この世との関係を保ちたいと願う心の叫びがあるのではないでしょうか？

極楽が素晴らしければ、この世に未練を残す必要はないでしょうに。極楽に行くことを考えるだけでも、何か嫌な気分になるのは、なぜなのでしょうね。本田弘慈という牧師先生が話しておられたことですが、先生のおじいさんが亡くなる少し前に、イエス様を信じて、クリスチャンになったのでした。同じく教会に行っていた奥さんに、死の直前、「おばあちゃん、お先に天国に行って、待っているからねえ」と言ったそうです。すると、おばあちゃんはおじいちゃんが「天国で待っているから、早くおいで！」と思ったのか、「そんな、待ってもらわなくていい！」とつっけんどんに返事をしたのが最後の別れの言葉だったそうです。葬儀の後、おばあちゃんは、死んだおじいちゃんに、本当は嫌だったけれど、もうちょっと優しい言葉で送って上げていたらよかったかなあと、反省したそうですが、みんな、やがては死んで、天国か極楽（あるいは地獄）に行くのですが、天国に早く行きたいと心から思っている人はめったにいないようです。

浄土真宗では極楽をこのように言っております。極楽浄土とは、「お浄土」とか「西方浄土」「西方仏国土」「涅槃」とも言い、阿弥陀如来が、私たちのためにつくられた国だそうです。阿弥陀如来さまの願いを受け、念仏を申す身になった者は、「この世の命が終わると同時に、極楽浄土に行き、生まれ変わって、ただちにこの娑婆世界に還ってきて、迷える衆生を救うはたらきをする」というのが念仏者（浄土真宗の門徒）のありさまだそうです。したがって、私たち浄土真宗には、すでに極楽に行ったのだから「故人の冥福を祈る」とか「死者の魂を安んずる」などという発想はありませんと報告しています。死者は如来様に任せ、すぐこの世に戻るのだから、くよくよ悲しまないものだと言っているのです。つまり、辛苦のこの世の生活からせっかく解放されて、極楽浄土に到着すれば、落ち着くまもなく、成仏する修練もなく、すぐにこの世に追い返されて、真理を究めてもおらず、救いが何であるかも理解できていないにも関わらず、娑婆（この世）に戻って衆生を救わねばならないのです。極楽浄土は死んだ人がおれない所らしいのです。いつも如来様一人がいるだけの所だと言っておられるのです。極楽はごく楽な場所ではないということ、とても居づらい場所のために、ゆっくり安んじるところではなく、すぐに還って来させられるところが極楽浄土と言えます。そこに行きたいですか？　行ってもすぐ戻らねばならないのですが。余談ですが、天国と極楽浄土とどちらに行きたいですか？（仏教には天国はありませんが…）。

輪廻転生から解脱《げだつ》すれば涅槃《ねはん》になれない

釈迦は「悟ったら、もう輪廻の生死は解脱《げだつ》した。だから、後有《ごう》は受けない」と仏典に書いてあります。この世で生きている間の仏（覚者）になることが仏教の教えで、人生の苦悩から脱するために涅槃《ねはん》（ニルヴァーナ）を求めて修行し、図らずも菩提を証した（悟って覚者となった）釈迦の仏教には、神（創造主・唯一神）もなく霊魂（個我＝アートマン）を否定し、この世だけの生死に関心を寄せ、神も仏もない生き方をすすめる教えであります。

「解脱《げだつ》」とは、何からの解放でしょうか。輪廻転生、つまり死んでも必ず何か他のものに生まれ変わってしまう世界。「生死輪廻」からの解放を言います。

この輪廻とは六界（六つの世界）を永遠の昔からぐるぐる回り続けて終わりのない世界を言います。人は死んでも、必ず何かに生まれ変わっていく教えです。その生まれ変わるものは、生前の功徳によって左記の「界」に生まれていくのです。

一、「地獄」（罰の世界）
二、「餓鬼」（飢餓に苦しむ亡者の世界）
三、「畜生」（愚かな動物獣類の世界）
四、「修羅」（恐れる魔界、怪物の世界）
五、「人間」（人間世界）
六、「天人」（天の住人、神々の世界）

の六界が繰り返され続く世界を輪廻と言います。この天人の世界は、キリスト教の天国とは違い、苦しみ、悲しみがない世界ではなく、ただ、他の世界に比べ最も苦しみが少ないだけで、九〇〇〇万年すれば、この世界からも死んでしまい、再び、生前の状況いかんによって、他の世界に生まれ変わるのです。つまり今度は天界から地獄に堕ちるかもしれない世界に戻ってしまうというのです。ですからインドでは、六界のどこにいても「苦しみ」と考えて、そこから解放される「解脱」を願ったのです。丁度、石にひもをつけてぐるぐる回す状況が、六界をぐるぐる巡るようだと考え、回している石を手からパッと離した時に、石が飛び出していくありさまに例え、「六界」から解放されて、宇宙に飛んでいってしまう状況があると想像して、それを「六界」からの解脱と考えたのです。しかし、その飛んでいった先は判らないのです。宇宙にさまよい続け、二度と六界に戻れない状態、どこかに存在しているとか、「ああだこうだ」と言う基準すらない世界に行ってしまったことを言うのだそうです。それが、苦しみからの解脱であり、「涅槃」と言います。今流に言えば、宇宙のブラックホールに入ったようなものだと考えられるのです。

タイ國の解脱した釈迦の涅槃像

写真のように、横たわっている釈迦の像を見ていただいていますが、その姿さえ、本当は表わすことができない状態を「涅槃」と言うのです。ただ、単純に生の世界を立っている状態ということに例え、横になることは生きる世界ではないとして、意識なく眠る姿を涅槃だと象徴的に表わしていることだけなのです。

法華経で言う「二度とこの世に生を受けない者」初期仏教の「スッタ・ニパータ」に語られている「二度とこの世に戻ってくるな」という意味なのです。極論を言えば、「涅槃」に入った釈迦は、もう二度と生まれ変わらないばかりか、どこへ行っておられるのか、行方不明であるのです。お釈迦さんが、生の世界（輪廻転生界）にいる私たちを、もう救うことも助けることもできない宇宙の彼方に消えた存在者になってしまわれているのが涅槃ということなのです。「幸福の科学」の教祖、大川隆法さんが、「自分は釈迦の生まれ変わりだ」などとおっしゃっていますが、釈迦はもう輪廻転生しないのですから、絶対にこの世に生まれるはずがありません。大川氏は、自分は偉いのだと言いたいために「うそ」を言っております。オウム真理教の教祖、麻原も「オレは再臨のキリストだ」と豪語していますが、偽りの宗教は、ほとんど世界の三大宗教の何かの生まれ変わりだ、復活したキリストだ、と言いますから、そう語っていたら、偽者《いつわりもの》、詐欺師だと思う方が正しいでしょう。甘い言葉で近づくと、救いのためだと称して、金品を狙われるのがオチです。このような団体には決して近づいてはいけません。

このように仏教の教えでは、あなたに少しの常識があれば、満足できないばかりか、理屈が合いません。この世で頑張って努力をして、少しでも「楽」な営みができる世界に入りたいと願うのは普通です。死ぬまで、自分で努力して苦労をし、滝に打たれ、山河を行脚して慈悲を施し尽くしても、要は自分が悟ったらそれでよいのではないか。他人がどうであれ、修羅場で金品富豪の立場にたっても、どちらも死ねば終わり、「ハイ、それまでよ」という教えが、お釈迦様のありがたい教えであるとしたら、当然納得できませんよね。

釈迦は後世を説きませんでした。あの世のことなど「わしゃ知らん」と、悟りきったお釈迦様が言っているのであります。キリストは明確に天国と地獄の存在を表しています。「人は一度死ぬことと、死んだ後裁きを受けることとが定まっている」と聖書は記しています。輪廻転生はなく、人が死ねば、体は土に帰り、霊は眠りにつくと書いています。そして再びキリストがこの世に来た時に、全ての人が復活をして、裁きに会うことが聖書に書いてあります。釈迦も法然も親鸞も全て人間は死んだら、復活まで眠っている状況を聖書は説いています。キリスト教に生前接していなくても、戦争や事故やあらゆる状況で死んだとしても、キリストが再臨する時は霊により復活し、その人の生前の行状により、スーパーコンピューター以上の性能を持つ記憶装置によって、生きてきた心の思いまで、膨大な記録から言いわけできない証拠が提示されて、正統かつ平等な裁判が行われていくと聖書に書かれてあります。そして輪廻転生、生まれ変わって善いことなどできず、やり直しできない一回限りの生き方、霊の生き方、接し方により、天国と地獄に二分されることが明記されているのです。全能の神は侮られる神ではありません。先述しましたように、聖書には「人は一度死ぬことと、その後に裁きを受けることが定まっている」と書かれています。今のあなたの行為、思いが記録に残り裁かれるというのです。

救い主、如来様がいるところ

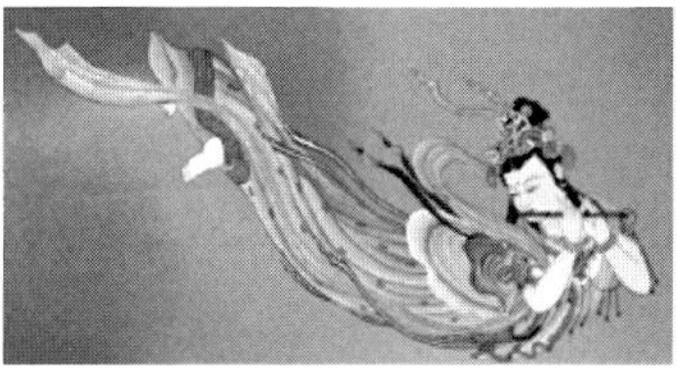
羽衣の天女図

阿弥陀如来様が、ありとあらゆる全ての悩み、苦労、悲しみを救って下さると信じて祈りますし、修行を積み、功徳を重ねて参ります。

しかし、阿弥陀様がおられるところは、ありがたいところなので、西方十億土に至る時間の所におられると言われているのです。西方とは西の彼方(彼岸)で、十億土とは、「一土」(一大劫とも言う)が十億個あることです。「一土」とは十石のこと。一石とは、一辺が一里(四キロメートル)の立方体の堅い堅い大きな岩の固まりのことと考えたそうです。

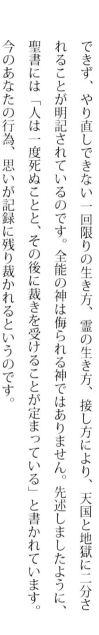

その大きな岩に百年に一回だけ、羽衣を着た天女が舞い降りて来て、その岩に降りないで上を通り過ぎるのだと想像します。すると、天女の薄い絹よりも軽い羽衣の裾の一部が、通り過ぎる時に、岩盤に触れるか触れないかのように、その衣がその岩に触れたと考えるのです。そこで、一応触れたならば摩擦でその岩が削れたという理屈です。たとえ削れたとしても、その判別は不可能なほど微妙な感覚的なものですが、百年に一度の衣のこすれで岩が少しずつ減っていくはず。やがては一里四方の大きな立方体の岩が削り取られてなくなるので、それまでの年数を「一石」という時間の単位にするそうです。

小学校の時、工作で一握りの石をヤスリでこすった記憶がありますが、三十分してもほとんど削れず、困った経験があります。例えば十センチ角の堅い石を、あなたのごつい手でこすり続けて、石がなくなるまで何年かかるでしょうか。それ程の小さい石ならば、なんとか想像して、何年かかるか推測して計算が可能かもしれませんが、オーストラリアにある世界最大の巨石よりも大きな、四キロメートルの立方体の岩が、百年に一度、羽衣が軽く触れるだけでなくなるまでの時間はいったい何万年、いや何百億年かかるのか想像ができません。これは天文学的数字ですが、

その「一石」が十個なくなる時間が「一土」であり、その「一土」が十億個分なくなる程、時間がかかる遠い所に、阿弥陀如来さまが待っておられるというのです。

呼べども叫べども届かない彼方に鎮座しておられるのです。「今、助けて！」と求めても、あなたの声が届いて、返事が来るまで、十億土の往復の時間が必要なのです。助けられることは諦めるほかありませんね。

あるお坊さんに「なぜそんな遠いところにいるのですか？」と尋ねると、「如来様はずっと大昔に、長い長い修行によって、世界中の人々を幸せにしようとする決心をやりとげた方です。手の届かないほどありがたいお方なのです」と答えられました。「阿弥陀」という言葉は、インドの言葉ですが、量りきれないとか限りがないという意味ですので、助けを求めて、気長にお答えをお求めになるのはあなたの自由ですが、手が届かず、聞いてくださる可能性もない遠い世界におられる方に、助けを求めても意味がないような気がするのですが、あなたはどう考えられますか？ 遠い親戚より、近くの友が本当の助けになるのではないでしょうか。

その点、キリスト教の救いは「求めなさい。そうすれば、与えられます」「私はあなたと共にいる」など、聖書には創造の神が我らの中にいるほど身近に存在され、私たちが願う前に私共の必要なものは備えていてくださると言われています。

求めても答えられず、いたずらに我慢せよ、修行せよ、鍛錬を受けよと強要するようなものより、いいと思いませんか。理屈だけでありがたがるより、本当の神様なら私たちが苦しんでいる時、いつでも答えて守ってくださるものではないでしょうか。ちょっとあなたが今信じている教祖、神さま仏様を調べてみてはいかがでしょうか？

教祖が生まれるときは

①女の場合

以前、京都のA市に、ある新興宗教の本部へ見学に伺って、中にも入らせていただいて、いろんな施設を見させていただきました。それはそれは立派な建物でした。芸術品も文化財的なものもいっぱいにありました。しかし、話を伺いながら、教祖の女性は大変な苦労をされた人であったと思いました。ある意味でとても可哀想だと思いました。

それで他の多くの教祖を調べると、意外と女性の教祖も多いとわかりました。天理教の中山みきさんをはじめ、大本教、円応教、その他、いずれの女性も貧乏のどん底におられたようでした。結婚されていても、夫は別に女を作ったり、働かず酒を飲んでばかりで、全く家を顧みず、女はただ自分の楽しみ道具のためにだけあって、言うことを聞かなければ暴力を振るわれ、耐えに耐えていた本当に不幸な女性であったようでした。ところが、ある時に、神懸かりを受けて布教が始まった。女性の場合はそのようなパターンになっています。この神懸かりも一般的から見れば、プッツンと脳の回線が切れて、気が狂ったとしか見えない状況の中、あらぬ言葉を語り始めたり、自分の意志ではない字を書き連ねたり、言葉を述べたり、常人には理解できない行動が行われてきたという始まりです。

考えてみれば、人間はあまりの辛さが精神的に耐えられなくなると、それを忘れ、逃げようと本能的に心が働くのだそうです。その一番の逃げ道は失神するか、気を狂わせることで、今の関わりから逃げようと精神構造の配線を狂わせ、何を話しても我関せず、判りませんと言うように、自分の存在を見失い、他からの指示に全く従わないように脳が働くと言われています。

人間は愛されて育ち、成長するものです。それが本人の誤解であったとしても、愛されていないと思いこんだら、脳がそのあまりのストレスでパニックになるようです。ですから、精神的に弱い人は本当の愛が判れば治ると言われています。このように愛されていない女性が占い師や教祖になる傾向が多いと思われます。気の毒に男運が悪い、不幸な女性が教祖になっているようです。占い師も同様です。そのような人を信じてよいかどうか判りませんが、弟子や取り巻きと言うべき人が、うまく教祖に仕立て上げ、教理は既成宗教のものを利用してアレンジして作り上げているものが多いのです。決して不幸な女性の正常な意識から発言された内容ではなく、本人の意図とは全く別の話の展開になっています。

②男の場合

男が教祖になる場合はちょっと違っていて、信じている宗教そのものが、掲げている目的目標の到達点にいくら努力しても達せずに、自己に失望落胆し、途中で挫折して、別の修行を始め出すというパターンが一つあります。もう一つに、新たにチャレンジしたその宗派が願うことに、到達しようと試みても、苦行の割に進展しないジレンマの中で、脳がパニックになって神懸かりにあうようです。神

から直接啓示を受けたとか、天使が現れて自分の意志とは関係なく手が動いて書物ができたなど、そこで得られた特殊な概念を、今まで信じてきた教義にプラスして、新しく教理を確立して教祖となるタイプです。しかし、問題は男が教祖になると、本来教えている教理教義の模範であるべき存在なのに、厳しい教えがあるにもかかわらず、高僧、師匠と言われる裏で、教義とは別の贅沢三昧、豪華な生活をして、教えとはかけ離れた逆の行動をしている矛盾があることです。三つ目に、それを知った弟子が躓いて、新しい教理を作り、独立して今度は自分が頭になり教祖になる人たちもいます。しかし男の場合、教祖となって少し組織が大きくなると女を囲み、贅沢に進んでしまう親教祖の繰り返しのケースが大半なのです（贅沢をしたいと思ってだましてでも、独立する欲深い輩もいますが…）。言い方は悪いのですが、大体に新しく教祖になる要素はこのような三つのパターンがあるようです。

現実に、世の中には変な宗教がいっぱいあります。常識で考えれば全くでたらめな、偽宗教と判るのに、信じられて大きな教団になっているものさえあります。

しかし、神懸かりの異常さや奇異と思えるものが、不思議にも日本人にとって、「ありがたさ」と思われていくようであります。今、オウム真理教の事件以降は、宗教法人取得のために申請しても、審査が厳しくなって、新しい宗教、教祖が生まれた話は聞けなくなりましたが、既成宗教の組織内で、個人的に分裂分派の形をもって、法人格を取らず、新宗教が生まれています。あたかも既成の大宗教集団の一部のように、看板を掲げて活動をしている所があるのです。その誤りに気づかないまま、自分が思っている宗教とは違う組織に入信したことになるので、気をつけねばなりません（キリスト教では、統一協会、エホバの証人、モルモン教、韓国から渡来している新天地教会、救援派、喜びのニュース宣教会などたくさん存在しています）。本当の宗教かどうか、見分けることが難しい時代となっています。彼らのホームページなどで判断することは至難の業です。しかし、教祖を調べると、多くは神がかりを受けて、従来の団体を誹謗し、我々は優れた何か違ったものがあると主張をしています。でもやることは変わりません。

お金が儲かる教祖の姿とは

①変な姿をして、高圧的にわけのわからぬ言葉を発すればよい

誰でも資本金なしで、お金を儲けようとすれば、占い師のような奇異で特別のカッコをします。

（衣装代は必要）そして変わった素振りの演出をして、霊界と交流するのに時間がかかるように見せて、会衆をちょっと待たせておくようにします。（水晶玉や仏像的な小道具があれば効果絶大）あらかじめ弟子たちと打合せをして、「ありがたい教祖出現」の期待感をあおらせてもらっておきます。やがて、会衆が期待で高揚し始めてきたら、時を見計らって、ここぞとばかりに、奇異な声を発しつつ、グッドタイミングで現れるのです。

そして、ちょっと宗教的な変なカッコと、時々わけも分からない言葉で、いかにも霊界の代弁者、雲上人のよう見せてやれば、会衆はありがたがり、脅しと慰めの言葉を上手に使い分けてやれば、お金はドンドン入ってくる可能性が多いでしょう。

どういうわけか、日本人は一風変わった変な人や、気が狂ったような人には特別の霊が備わっていると思い込むのか、憧れる傾向があるようです（教祖はおおむね不幸な生い立ちの人が多いです）。

一般の金儲けの宗教家や、下手な占い師は、おおむね着ている衣装のままで、町は歩けませんし、狂人と思われるようなカッコをしています。また、人がびっくりするような言動を行う演出をよくしています。偽

者であればあるほどこの傾向は強く、奇抜な服装を着て、奇異な行動をするのです。

もう一つ反対の傾向に、豪華絢爛、宝石を身にまとい、その金額だけで三軒も四軒も家が建つようなものを見せびらかして、常人を圧倒し、高慢的な態度で、あたかも自分が偉いかのように見せて、占う輩達《やからたち》がいます。語ることは特に根拠があるわけではないが、人の心理状態（カウンセリング）を少しかじり、脅かしと慰めの言葉で動揺させるのです。またそれを興味本位で聞いて、不安を感じつつ、ありがたがる愚かな日本人も多いのも事実です。

お金を儲けようとする宗教や占いは、普通の人の度肝を抜くこと、それを利用しているのです。決して動揺してはいけません。落ち着いてゆっくり考えさせる時間を与えて導くのが、真の宗教であります。恐怖心を与えたり、騒音に近い歌や踊りで感覚を麻痺させるところには近づかない方がよいでしょう。

②霊の存在を信じさせ、脅してやればよい

日本人は、アニミズム信仰（霊魂主義）という形態を、持っている人が多いと言いました。それは、何にでも霊が宿っていると思っている信仰形態ですから、ありもしないのに、あなたの後ろに霊

がおりますよ、その霊があなたを苦しめ、不幸にしていますよと脅せば、真剣になって救いを求めてきます。

そうしたら、お札や祭壇、宗教グッズを買わせ、このように供え、守り続けなさいと、命令をします。そして月一回は祭礼などの行事を作って参加させ、関わりを深めさせ供物を献げさせる習慣を作ります。そして、これを守らなければ今まで以上に不幸や苦しみが増し、地獄に落ちるぞ、などと、強引な脅しで進めていきますと、お金が儲かります。

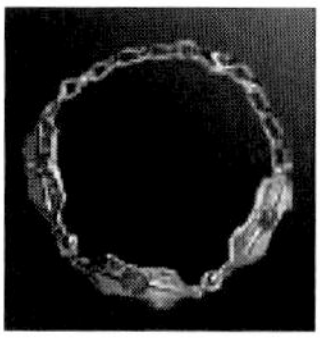

また、そうすることで、ほとんどの日本人が怖がって脅しに乗ってしまい、宗教者や占い師の言いなりになって、法外なお金をまき取られています。本人は幸せどころか、不幸になっていくのも、あまりの非常識な展開と強要される事柄で、わけがわからなくなるのです。

このように、教義の教えでなく、単に脅したり、おだてたりしてくるような占いや宗教は、絶対に信じてはなりません。いくら脅しをかけられても、その言っている罰やたたり、呪いなどは、一切やって来ません。気にすることだけで心理的にナイーブになってしまいます。でも、神はやがての時に、偽りの占い、人を惑わす者に対して、世間から断ち切ると、聖書は書いてあります。

ですから、かえって本人へ、「そんなことをしていたら、あなたこそ地獄におちますよ」と注意をして上げるぐらいの余裕を持つべきです。

③教えが常識はずれであればあるほどよい

宗教という形で迫られますと怖いのは、この常識はずれのことが信じられることです。正直に言いまして、私も牧師をしておりますので、悩むのはこのことです。キリスト教にも奇跡は存在します。常識では計り知れない事象もあります。それが信仰によってそうなる場合があり、神の不思議さである場合があります。しかし、私が言いたいことは、決して自然物理からかけ離れた事象ではなく、常識的に考えても、医学的にも（西洋医学のみでなく、東洋医学的見地からも見て）納得のいくものでなければならないと思います。

信仰は常識を超えた、超常識であっても非常識であってはなりません。

一枚の紙切れや人間が作った器物の何物かで、それが効力を発揮して、どうにかなるという、そんなことは絶対にない、と考えていただく方が

正しいと思います。それは単なる気休めです。

キリスト教で言う神は、この天地の自然を造り支配されておられます。だからご自分の作品を造った法則に反するようなことをして、何物かを変化させることはないと、聖書に書いてありま す。だから誘いに来た宗教が、空中浮遊だとか、異次元が見えてくるという、あれっ！と思うような自然法則に離れた非常識なことがあれば、警戒したほうがよいでしょう。

④その人が持つ後ろめたさ、卑下していることが判ればよい

人間は誰でも自分の願う通りに、ことが進んでおりません。みんながその実現のために努力しておる過程に生きております。その状況の中で、予定外や、つい思わぬことが生じたために、悩み苦しむのです。

しかし、それが不幸でも、先祖の祟りでも、何でもありません。必然的に生じた日常の出来事であるにもかかわらず、人間はその出来事を、大そうな謂《いわ》れを考え出し、それに見栄と恥も絡んできて、自分だけが問題になっていると考えてしまうのです。それが特別に、何かのたたりではないかと思い込んでしまうのです。更に状況により、希望どおりにならぬことを、後ろめたさや

卑下も生じて、過去の因縁からではないかと、余分に苦しむのです。

特に最近は堕胎をしたことで水子供養が流行して寺院は繁盛しております。人の弱みにつけ込んだ商売です。石で作った作品が、あなたの子に似ていると言われても、大量生産された細工物でしかありません。人は見ようによって物事、見え方が変わります。中絶や不倫、一時的な衝動での行為で、人として生まれるように育っていた命を殺した罪や悔いは問われるでしょう。でもそれをいくら金を注いで、身繕いしても、それで解決というわけではありません。外の形を整えたとしても、本人の一時的な気休めと、それを販売した寺院が儲かったことで終わります。

仏教の思想や経典にも堕胎の子を水子だと言って、供養する考えはありません。戦後、日本だけに生じた形態で、伝来してきた中国、韓国、など仏教国やヒンズー教の国を捜してもこのような思想すら見当たりません。

供養を行う根拠は何一つありません。本当の解決は、命を創造された創造主の元で、本人の心に解決、解放があればこそ、その罪が赦され、平安が得られるものであると思います。

気をつけるところ

①欲があると偽宗教に引っかかる

自分の願いだけを通すような、駄々っ子、わがままな子と同じように、病気の癒やし、家庭の苦しさ、金儲けや自分の利得をもって、宗教に期待を持っていると、偽宗教のワナにかかりやすくなります。

商売は誘惑して成立します。人を誘惑しなければ商売はできません。これを食べれば健康になりますよ、美しくなりますよ、と、誘惑が来るのです。決して誘惑に引っかけられることが愚かとは言えず、必要と考えるからです。同様に、偽宗教は御利益が最優先していますので、誘惑も生存本能と競争本能を刺激して、快感、幸せ、お得ですよ、最高ですよと、こちらの弱みと欲望を狙った、「家内安全」「無病息災」「交通安全」「祈願実現」など、大きな看板で誘って金品を奪うのです。

その辺《あた》りを、ちょっと気をつけることで、本当か、偽ものの宗教であるかが、見えてくるのではないでしょうか。

②願いを聞く神仏が、良いとは限らない

こちらの言うことだけを、聞いてくれることが、良い宗教ではありません。親に願うことも、何でもみな聞いてくれる親が、良い親ではありません。また、親に向かって、お題目のように毎日「買って、買って」と、訴え続け、一日一万回も、しつこくねだり続けると、かえってうるさがられるのがオチです。またそんなに訴えないと聞いてもらえない耳が遠い親であるのか、一度の頼みで願いを聞くだけの力がないからかもしれません。普通うるさく、くどくどねだる自分本意な子供には、親は反対に答えてはくれないものです。本当の親は、私たちの必要なもの、大事なものは、願う前からよく理解し、本当に必要な時に、与えてくれているものです。

天地を造られた神は我々をも造りました。造った本人であれば、その作品の良し悪し、必要なものが何であるのか、みな判るものです。

例えば、私がある機械を造れば、造った本人が機械のトラブルが生じた時もその原因が判るように、人間をも創造された神は、私共の必要を一番ご存じです。

過日ある機械の調子が悪く修理に出そうとしました。ところが器用な方が無料で修理をしてあげると言われ、一応お願いしたところ、いじくり回され、分解をしてみたが故障原因が判らず、

時間ばかりが経過して治らず、とにかく原形を復帰してくださったのですが、結局、製造元のメーカーに修理を依頼したところ、わずか三日間で修理はできました。しかもやがて不調になるだろうとする部分の部品までも交換してくださり帰ってきました。少しお金はかかりましたが、その後一切問題なく順調に動いております。

同じように、人間が造った神仏に頼ることは、どんなに大きく造っても、巧妙に姿形《すがたかたち》を整えても、造った人間の能力を超えることはできません。優秀なロボットも人間が組み立てたプログラム以上のことはできないのと同じです。人間が造った神ではなく、人間を造った神に信頼を置くべきではないでしょうか。

いかなる宗教も六つの神観に分類される

人間にだけある宗教意識には次の六つの形態に分類されるでしょう。

六つの宗教（信仰）形態（一部）

①　多神教
②　汎神論
③　アニミズム
④　シャーマニズム
⑤　無神論
⑥　一神教

①多神教とは

名の通りに多くの神々が崇拝されて、それぞれの信仰形態も変わります。しかしそのほとんどは土地民族的なもので、地域性が強く、お祭りなど、村で習俗化したものがほとんどです。古代エジプトや中近東、古代ギリシャにもあり、世界至る所に存在しているアニミズムに似た宗教形態です。多神教の本尊と言われるものは、キリスト教で言うＧＯＤではなく、昔の人物であったり、動物であったり、収穫した物に対する感謝や恐れているもの、あるいは不思議さ、崇高さが感じられる物、それが石であろうと樹木であろうと洞穴であろうと、何でもいいわけで、人間にとって一種の畏怖の念が感じられ物、あるいは偶然にもタイミングが合って、お陰があったものが神となる形態です。特に日本人の宗教施設となっているものは、特定の地域、村に起こった疫病や災害、それらの類いが生じて民たちが困り果て、地蔵や社、銅像を造ったら、偶然疫病や災害が少なくなった、それが建立した地蔵などのお陰となって奉られるという形態が多いのです。たまたま災害にしても時が経ち、納まったにも関わらず、地蔵様のお陰であると子々孫々に引き継がれているのが実情です。過去に作者が見聞きした神仏を表現するために、石や岩、木や根っこに、彫刻を施されて、人間が想像し考えた神が造られ、祭られて行くものです。最後にはそれを拝めば、五穀豊穣や無病息災、「〇〇安全」というもっともらしい効能書きが付加されて、神々になっていくのです。ある意味で個人の労作による彫刻で、本来の宗教とは言えないものなのですが、祠や施設が建造されて、宗教法人に申請されると、宗教的に無知な日本人は、無許可にすると罰や祟りが来るぞと、脅されると認可を行なってしまい、宗教施設になるのが現状です。そこらにあるものを、何でも神にして拝んでいくものです。極端に言えば、ゴキブリが怖ければゴキブリの神さまを作ることができるのです。本当は神々とは言えない物ですが、全ての事物に霊があるとする八百万の神《やおよろずのかみ》信仰タイプが多神教です。

②汎神論とは

汎神論（はんしんろん）とは、神と宇宙、または神と自然とは同一であるとみなす哲学的・宗教的立場をとる宗教観念を持つことです。万有神論、汎神教とも言われるものですが、古代インドのヴェーダとウパニシャッド哲学、ソクラテス以前のギリシャ思想、近代においては、スピノザ、ゲーテ、シェリング等の思想がこれに属していると言われています。

汎神論においては、一切のものは神の顕現であると考えます。あるいは世界において、神が全てに内在されており遍在していると強調されています。つまり一切のものと神とを、一元論的に理解しようとするもので、汎神論においては、理論上、神は非人格的原理として認識をしているものの、人格を有する神を立てて、有神論的宗教の理論的思弁や神秘主義、あるいは祭祀上の習合からも汎神論的傾向が生じることが意外に多いのです。汎神論は歴史上それ自体として存立したものではなく、さまざまな宗教の中に見られる一定の傾向であり、汎神論的態度は古代・中世にもありましたが、ヨーロッパで頻出するようになってきたのは十六世紀以降だろうと言われています。

英語の pantheism（パンセイズム）は、ギリシャ語の pan（全て）と theos（神）の合成語で、文字どおり「全ては神」で「神は全て」を意味しています。つまり神と一切万物（または宇宙・世界・自然）とが同一であるとする思想であります。ですから一口に汎神論といっても、さまざまな国の習俗とも関係し、形態が存在します。一方では「神が全てである」ことを強調する無宇宙論(acosmism)があります。他方では「森羅万象が神である」ことを強調する汎宇宙論(pancosmism)があります。後者の立場は一種の唯物論に通じ、神の非人格性が強調されるので、無神論的とされる場合があります。

③アニミズム（霊魂主義）とは

アニミズム（英語：animism）とは、生物・無機物を問わない全てのものの中に霊魂、もしくは霊が宿っているという考え方で、十九世紀後半、イギリスの人類学者、E・B・タイラーが、著書『原始文化』（1871年）の中で使用し定着させたと言われています。日本語では「汎霊説」、「精霊信仰」「地霊信仰」などと訳されている場合が多いのですが、この語はラテン語のアニマ（anima）に由来し、気息・霊魂・生命といった意味を持っています。

平易に説明しますと、日本人の多くの人は、「アニミズム」という霊魂主義の信仰形態を有しているると言えるでしょう。つまり、物、全てに霊が存在するという信仰が、根深く浸透しているようです。目に入るもの全ての中に、背後霊や、守護霊、先祖の霊、その他、太陽に星に、動物や植物などの自然の物に限らず、人間が造ったものまで、今私が目にしている机や鏡、壺、花、絵や印鑑まで、ありとあらゆる物全てに、霊があるという信仰を日本人のほとんどの人が、持っているようです。

特に人間が作った仏像や石仏、神社が発行するお札から交通安全のお守りなど、機械で大量生産されたものまでも、あらゆる全ての中に、霊が存在していると信じる傾向を、アニミズム信仰と言えるのです。日本人を含んで、アジア系に多く見られる信仰形態です。

海外から仏教国の日本と言われておりますが、しかし仏教の開祖、釈迦の言葉をほとんど理解されておらず、習慣的に先祖が言っていたということだけで、また、時代に即応した変化が加えられていることも、批判、理解もしないで伝承されていく場合が多いようです。過去の文献を少し調べるだけでも、今実施している祭祀行事や付与される事物が、本来の由来と違う場合が多くあることに気づくでしょう。（アニミズム信仰の多くは幼児期に、親などから教えられ、体験させられた経験に影響されます）

今の仏教関係者の行状に、疑問と思っていることは、初期の経典で、釈迦は「悟ったら、もう輪廻《りんね》の生死は解脱《げだつ》した。だから、後有《ごう》（死後の世界）は受けない」と言われていて、来世は必要ない、死後はないのだからと、魂の存在、霊の存在を否定していることが、文献に載っております。つまり、霊魂は存在しないと、説くのが本来の仏教であるはずです。しかし、現在は何でもかんでも霊魂が存在するように説かれています。

鎌倉時代の後期、室町時代からまったく違った先祖の霊や、守護霊、背後霊など、しかも、近代になればなるほど多くの霊の種類が、作り出されて民衆を惑わしております。特にペットや造形物、事象にまで入魂式や魂を抜く儀式（除霊）など、仰々しいジェスチャーの行動を取って、お金をせしめている輩《やから》が多すぎるのです。

特に昨今は、コンピューター映像で表現する能力が優れてきて、実際には存在しないもの、目に見えないものまで、人間が想像した形が存在するように描かれて、それをリアルに見せられるものですから、尚、信じられていくような傾向があります。

偽りの空想で作成したものや話は、ほとんど恐怖を与えるものです。人は恐怖を持つと、安易に代償を支払って逃れようとする方向性があるようで、目に見えない事象を捉えて言われると、一層の恐怖が生じるものですから、脅して金品を出させ、利をむさぼる輩の浅はかな知恵に惑わされてはいけません。怖れは自らの中に、誰にも言えない劣等感、卑下、悪事、負い目が変化をして生じるとも言われています。たわいもない言葉でも恐怖につながり、気にしてしまうのが、霊魂主義（アニミズム）で培われてきた日本人の気質なのです。

事実、恐喝して怖がらせて金品をせしめようとするのは、欲望に固まった生きた人間だけです。死んだ者や事物、霊はどこにも宿らず、何もできませんから恐れず安心しておればよいのです。

④シャーマニズム（呪術主義）とは

もう一つの信仰形態は「シャーマニズム」と言い、未開宗教の一つの様式を持っています。シャーマンと呼ばれる人物によって、神霊界との交流を、可能であるとする独特の立場を有し、おおむね異様な服装と常識を逸した生活形態を持って、一般に一種の権威、権力を有して、地域に恐れを抱かせる行動を持っています。北アジア・北ヨーロッパのウラル・アルタイ人の宗教が典型的で、シベリア、蒙古、満州、朝鮮、日本で見られるもので、一部のアフリカ社会にも見られる形態です。

巫術シャーマンとは、ツングース語で仏教の「沙門」から出た言葉で、呪術師のことです。全般的に女子が多く、日本では「巫女」「かんなぎ」と呼ばれて、その務めを行なっています。沖縄のユタやノロ。東北のイタコ、口寄せをする女性などがそれにあたります。

沖縄のノロと言われている巫女たち

昨今に流行している占いも、少し形態を変えてはおりますが、原則的にはこの類いと言えるでしょう。

沖縄のユタであった人に伺ったことですが、「どうしてユタになられたのですか?」の質問に答えていただいたのは、がっかりする内容でした。

まず「誰でもなれる」というのです。そしてちょっと「高島易」

を学び、心理学と言わなくても、カウンセリングを習得すればよいということでした。そして少し不気味なところ（洞穴とか、谷間、森林、岩）を自由に礼拝場所として設定していくといいそうです。ユタになった最大の切っ掛けは、何事でも困ったこと、苦しいことを、ユタに持っていっては相談を受けていたそうです。そしてその都度、金品を貢いでいたそうです。気づけば二千万円に及ぶほどになっていて、これは大変だと気づいて、反対に自分がユタになってやろうと思ったそうです。そこから、前述したような学びを少しして、ユタになり、数年で元を取り戻したということでした。

シャーマンというと、神がかりや特殊な個人的存在者であるかのように思われるかもしれませんが、日本では多くの新興宗教施設の教祖や教師、指導者、子孫が、この類いと同じシャーマンの形態を持っており、信徒の悩み相談を、あたかも神霊界との橋渡しをするようにして、カウンセラーとしての役割を果たしつつ、組織を維持しております。特に祭りの日時を定めての行事を行い、その時こそ霊験あらたかな日として招集してお参りをするのです。近代化になっても人は誰かと相談は必要です。その役目を今流のシャーマンが果たしていると言えるでしょう（これが宗教者と言われる場合もあり、日本には全国に浸透しています）。

⑤無神論という宗教

無神論が科学的だと思っている人がおりますが、思考的には一種の宗教を信じる行為と全く変わりません。宗教（神仏）を信じたくない宗教団体と言っても過言ではありません。

つまり、神はいない、自然は偶然にできたものだと信じている人ですが、その根拠となっているものは、物心がつき、過去に他人が言っていることを、調べもしないでそのまま受け入れている人が大半です。つまり、教科書で教えられたから、先生に言われたからといった類いで信じている人がほとんどなのです。

免疫チェックポイント阻害因子の発見とがん治療への応用により、二〇一八年にノーベル生理学・医学賞をジェームズ・P・アリソン氏と共同受賞された本庶佑（ほんじょ たすく）先生は、教科書を信じない方がよいとおっしゃった。それは記されていることを疑問に感じて、調査研究すべきだという意味で話された言葉だと私は捉えました。

同じく、IPS細胞で有名なノーベル博士となられた山中伸弥（やまなかしんや）先生も、遺伝子を研究すると、誰か叡知なる方が設計したとしか思えない、全てが偶然に発生したものとは考えにくいというようなことを言っておられました。

無神論を唱える人に伺うことがありますが、ほとんど自分でよく調べ（研究）もしないで、（聖書も経本も読んだことがない）人がほとんどです。過去に他人が語っていたことを聞いて、そのまま受け売りで無神論を唱えておられる方がほとんどです。そして無宗教は賢い者のように勘違いをされ、自負しているに過ぎない方が多かったようです。ある面で、宗教を信じている人と比べ、無神論を主張している人はふしだらな生活をされ、私が接する環境にもよるかも分かりませんが、ギャンブル依存症の方と、家庭を無視して自分の趣味に浪費をしている人が多くいます。自己中心的で無知な行動をする人もあります。こう申し上げると俺は違うぞと憤りを感じなさるでしょう。どうぞその怒りをエネルギーにして、真摯に自分を見つめ直す機会としてください。目に見えないから、神は存在しないと語る人に、神がいると不都合だから、と言う人がおられるのです。ある意味正直ですが、でもそれでいいわけではありません。せっかく生を与えられている人間として、生きる意味を知る時となっていただきたいのです。

お釈迦さんは、自分の人生を見極めるために、裕福だった王宮から出家し、修業を積み重ねても、贅沢な生活を越える至福なる神を見出されず「一切の人生苦は自業自得である」として人生をあきらめた無神論者の一人です。苦労をして悟った結論が、救うべき神仏がいないと言うならば、同情だけはしてあげますが、無駄な修行を重ねて気の毒とも思います。自分の努力や行為で、絶対に神を発見、認知できるものではありません。

多くの人は、神が全知全能の方で、隠れたところを見る神であることを本能的に認識しております。自分の不都合や人に知られたくないことが、暴かれるのを怖れ、信じたくないと言う人がいるのではないでしょうか。俗に、影でコソコソ悪いことをする人間と、欲深い人間ほど無神論者です。つまり神がいては都合が悪く、困る人が、無神論者を唱える人に多いのではありませんか?

ある人がこんなことを言っておりました。「地獄があったら、俺は正直に困る。だから存在を否定するためには、神の存在も信じないのだ」と。また、神が目に見ることができないから信じない、と言う人がおりますが、目に見えたら信じるか、と言いますと、やはり信じないでしょう。

第一に、限定された、ごく一部分の可視光線の範囲しか見ることができない人間の目でもって、見える神は、神ではありません。

ただ聖書は「心の清い人は、神を見ることができる」と書いてあります。
本当に神を見たければ、心が清くなればいいのです。見えるとありますから、不可能ではありません。嘘をつかず見栄を張らずに、隠れた生活が清くなるために頑張ってください。

⑥一神教

今まで語ってきた宗教観念の神意識と違った神を考えている人たちです。ユダヤ教、キリスト教、イスラム教のこの三つが一神教の宗教と言われています。神が唯一で天地創造者、目に見えない存在者で、人間が造った神ではなく、人間を造った神であるとします。そしてこの三つは、ユダヤ教の旧約聖書を基本に経典とし、拝礼する対象物を造らない宗教組織です。

ユダヤ教は、古代の中近東からアブラハムという人物が、神の呼びかけで、多神教の町（カルデヤのウル）から出立して始まった唯一神、ヤハウェを神とし、選民思想やメシア（救世主）信仰などを特色とするユダヤ人の民族宗教です。『タナハ』『ミクラー』と言われている、キリスト教の『旧約聖書』に当たる書物が重要な聖典となっています。ただし、成立状況が異なるので、キリスト教とは書物の配列が異なりますが、イスラム教でも『モーセ五書』は『コーラン』に次いで重要視されることからして、ユダヤ教が唯一神教の始まりと言っても過言ではないでしょう。ユダヤ教では、この他にタルムードをはじめとしたラビ文学も重要視し、祭祀を行い、祭司（僧侶）、律法学者などが、シナゴーグという礼拝所において神の御心を説き教えておりました。しかし、ユダヤ教は信仰、教義そのもの以上に、その前提としての行為・行動の実践と学究を重視し、血縁よりも教徒としての行動が重要視されることになり、非ユダヤ人も神の下僕となり、神との契約を守るならユダヤ教徒になることができるとされますが、ユダヤ人が神の祭司であるのに対し、非ユダヤ人は労役に服するという差別性が生じています。キリスト教で言う「信じるものは救われる」ということは考えられず、改宗にも時間がかかり、単なる入信とは大きく異なっています。

キリスト教は、神の特別の選民とされていた当時のユダヤ教が形骸化し、本来の神との交わり、教えに人間の掟を加味して教え、唯一なる神の願いから逸脱している時代でした。人類の始祖アダムが罪を犯し、神との断絶が生じましたが、神は創造した人との交流を再び回復させ、救いを与えるとの約束（契約）をされていました。ユダヤ（我ら）民族は、ひたすら実現する時を待ち望んでおりましたが、信仰よりも行為や行動の方を重視して、神の計画を忘れておりました。そこに預言されていた契約通り、神が人となり、人間を造った本来の姿に戻すべく、救い（神との回復）を実現するために生まれたのが、イエスでした。キリストとは救い主という意味で、名前ではありませんが、イエスの実現、教えに従う者が、火の粉が散るように、本来の人間となる希求が、ユダヤ教から脱会して、イエスの弟子になろうとする人が続出しました。それに嫉み、恨みをつのらせたのか、当時のユダヤ教指導者が、犯罪者でもないイエスを十字架に架けて殺してしまいました。しかし、イエスは聖書の預言の通り、三日目に墓よりよみがえり、神との交わりの回復を完成させ、今も生きているという信仰に至っています。キリスト教は天地創造された神のひとり子としてイエスを認め、私たちが神から離れ罪の奴隷と化している現状から、解放し、神との交わりを回復してくださる救い主であると信じているのです。

イスラム教は、ムハンマド（マホメッド）が、ユダヤ教やキリスト教の影響を受けた唯一神教で、偶像崇拝を徹底的に排除し、神への奉仕を重んじ、信徒同士の相互扶助関係や一体感を重んじる点に大きな特色を持たせた団体です。アッラーとは、もともとアラビアの多神教の神々の中の一柱であったのですが、ムハンマドがメッカを占領した際、カーバ神殿に存在していた全ての神々の像を破壊し、多神教及び偶像崇拝を戒めて、アッラーのみを崇拝するようにしたのでした。唯一信仰とはいえ、ユダヤ教徒とキリスト教の本来からの唯一神とは違った方向から取り込んだ神の観念です。

ムハンマドはあくまで神（アッラーフ）から被造物である人類のために、人類の中から選ばれた存在に過ぎません。そもそもアッラーフ（神）自体が「生みもせず、生まれもしない」、つまり時間と空間を超越した絶対固有であるために、キリスト教神学におけるイエス・キリストのように、ムハンマドを「神（アッラーフ）の子」と見なすような信仰的・神学的位置付けもされていません。

全知全能唯一絶対であり、全てを超越する「目なくして見、耳なくして聞き、口なくして語る」とされる（精神だけの）存在であるため、あらゆる時にあらゆる場にあり得て（遍在）、絵画や彫像に表すことはできないとしています。イスラム教がイメージを用いた礼拝を、偶像崇拝として完全否定しているのもこのためであります。このように啓示されたムハンマドは、神（アッラーフ）より派遣された大天使ガブリエルから神（アッラーフ）の受託をアラビア語で語った使徒であり、最後にして最大の預言者とされています。【ウイクペディアより】 日本語における「イスラーム」（isurāmu）はアラビア語の إسلام （islām）の長母音に即した形でカタカナに音写した語ですが、「自身の重要な所有物を他者の手に引き渡す」という意味を持つ aslama （アスラマ）という動詞の名詞形で、神への絶対服従を表します。ムハンマド以前のジャーヒリーヤ時代には宗教的な意味合いのない人と人との取引関係を示す言葉として用いられていました。ムハンマドはこのイスラームという語を、唯一神であるアッラーフに対して己の全てを引き渡して絶対的に帰依し服従するという姿勢に当てはめて用い、そのように己の全てを神に委ねた状態にある人をムスリムと呼んだのです。このような神とムスリムとの関係はしばしば主人と奴隷の関係として表現されています。

罪意識がない日本人

まず第一に、日本人に罪意識はありません。悪いことは知っています。しかし、日本人が考える罪とは、法律的に触れるような悪いことをすることを意味します。聖書が語る罪の本質、そのものの理解に至るまでには時間がかかるようです（すぐ判る人もおりますが）。

一般に「天国に行くためにはどうしたらいいでしょうか」と問えば、大抵、良いことをすればよいと答えます。では、「あなたは日頃から陰ひなたなく、良いことをしていて、はっきり天国に入れる自信がありますか？」と聞くと、多くの人は悩むようです。隠れて行なっている密かな悪の楽しみ、人が見ていないから、判らないと考えている所で生じるやましい心の動きなど、殺してやりたい憎しみや、嫉み、などなど、全ての内面も潔白だと言える人が見当たりません。結果、極楽にも入れないとなると、天国も地獄もないと主張して、自分を擁護するために発言をするのです。みんな、他人が知らないだけで、どこかで悪いことをしているからです。このように社会に対して悪いことをすることが、罪だと考えているのは一般的です。クリスチャンでさえ、悪いことをしたことを、罪と考える人がいて、教会生活をしていても、自分はなかなか悪い習慣から離れられず、清くなれないので、天国に行けないだろうと思って、教会から去って行く人があります。聖書の言う「義人を招くためではなく、罪人を招くために来たのである」とイエスが語っている本当の意味を知る必要があります。本当はここから天国が近く、救いが成就するのに、従来の常識的な悪いことを罪という日本人感覚が抜けませんから、救われる人が少ないのです。教会がもっとここをはっきりと示し、導く必要を感じます。

①四種類の罪

罪とは四つの非なることと書きます

1．法律違反（法的）
2．律法違反（宗教的）
3．社会違反（善行＝しなければならないことをしない罪）
4．神を神としない罪（キリスト教が問題とする罪）

このように、罪という意識の感覚が異なることを知り、区別した判断をして罪を考えなくてはなりません。また、罪を解決することに関して、日本人の多くは、よく自分の不幸や悲しみを、別の雛形をもって代行させ、経木や土器に願いや、罪を書いたり、なすりつけた後、焼いたり壊したりして行きます。自分の罪を、他人に肩代わりさせ、処理を受けさせるのであります。

その代わりにそれを拝んで「おかげさまで」となって、罪悪感がなくなり、満足がいくのですから不思議な日本人です。どういうわけでしょうか、日本人に限らないと思いますが、仏教や神道系は、自分が行なってしまった罪を、他人に原因を結びつけ、時代や状況が悪いからそうなったのだと、罪をなすりつけて処理するのです。政治家が、自分でやった悪事を、秘書がやったと、転化するのは得意な分野です。

②罪悪感と罪意識の感覚

罪悪感は人によって感覚の違い、環境や育ちの違いで異なってきます。暴走族や暴力団の人に果たして罪悪感という感覚があるのだろうかと、疑いたくなる行動が、報道されています。しかし、彼らも罪意識は持っております。と言っても先程の法律違反と道徳違反の意識くらいで、律法違反と神への罪意識がありません。神社仏閣にお参りする形態は、ほとんど罪意識で行うのではなく、罪悪感によるのではないかと思っております。

この習慣が、日本人には抜けきれませんから、変な宗教の商売の種にされてしまうのです（でもこの習慣は意外と世界にも多い形です）。

キリスト教の神とは

人間だけに霊（生命、魂とは異なる）があり、他のものにはないと語る。

キリスト教で言う神は、天地を造られた神様です。人間が造った神様でなく、人間を造った神が、キリスト教で言う神様なのです。

旧約聖書の創世記を見れば、天地創造の最後の日に人間をお造りなさいました。しかも、動植物には行わない、人間だけに特殊なことを神様は行なっていました。

土で造った動物（植物）たちは、そのまま喜怒哀楽や記憶、環境に応じた順応の仕方、判断力などの知恵も備えてお造りなさいました。

しかし、人間アダムの創造の時だけは異なり、人間が造られた後、神は息を吹きかけて、人は生きたものになったと聖書は記しています。この息は、ヘブル語で「ネシャマーハ」と言い、風とも訳され、霊とも訳されています。しかも、この霊は「明日（永遠）を考える」と解釈できるとも言われております（聖書に多く出る「ルーチェ」という霊（魂）とは、語源が違います）。

すると、人間だけが、明日を考えることができる動物と、言えるのではないでしょうか。

明日《あした》を考えることは明後日《あさって》、三日目、一週間、一年目、十年目、いやいや百年先、千年先と、永遠を考えていくことができる動物と言えます。永遠を考えるとは神を認識し、神を思うことができる動物なのです。他のいかなる動物にも、永遠を考えることができない、ということを聖書は物語っています。

ですからいくら賢いチンパンジーやゴリラ、オランウータンが集まっていても、そこには、明日を考えるという宗教はなく、明日を偲んで弔いや葬式はなく、歌を歌ってあげることがないのです。訓練された日光サル軍団でも、条件反射で反省！ばかりしています。

しかし、人間であれば、どんな未開発の生活で、石器時代を今も裸で生きておっても、そこには宗教があり、人の死に対して弔いがあり、魂の永遠を思い、神に歌ったり祈る行為があるのです。サルから人間は進化したといわれていますが、全く別個のものであり、サルはサルであり、人間は霊を持った人間として、種類に応じて神は創造されました。そして、人間以外には霊がないという立場が聖書の言う立場です。石や木、青銅でいくら巧みに彫刻を施し、恭しく扱ったとしても、それには霊も魂も存在しない。このお盆に先祖の霊が帰るということも、聖書では、死んだ霊は主の復活まで、地上に再び現れることがない立場です。盆踊りで、元気に霊から逃げ回っても、いくらご馳走を仏壇に飾っても霊は現れません。この暑い日を幽霊話で涼しくなろうとしても、そんな霊はなく、我々に何かの仕返しをしてくるといった、脅しもあり得ません。安心して栄養をつけて健康を維持してください。夜更かしをせず、疲れないようにする、この方が大切です。そうしたら変な心理状態にならず、楽しい毎日が送られます。

世は進化論の考えを持つ人がほとんどです。しかし、『鶏が先か、卵が先か』の答えは進化論では納得いく説明はできません。進化の系統図という木の枝のように描かれて、根の方には単細胞から進化した図が描かれています。つまり単細胞は単純なものから複雑なものへと長い時間をかけて進化していくのであると言われています。確かに成長した鶏と卵を比較した場合は複雑なものはどちらかと聞かれたならば、大人の鶏と思うのは普通の考えです。しかし、科学は卵の方が複雑でその巧みさは驚くべきものだと言っています。殻の中には白味と黄味しか入っていないようですが、そこに大人の鶏になる遺伝子というプログラムが組み込まれ、その遺伝子によって目になる部分、羽根になる部分、足になる部分など細胞を分裂させつつ各々の形に形成していく指示が含まれ、更に記憶力、個性、反応性など生

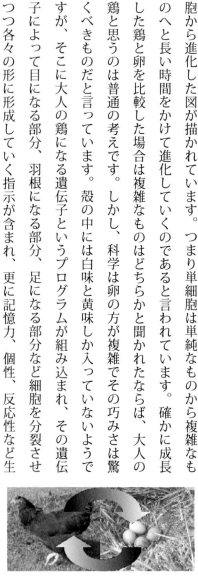

きるための要素を含んでいるというのです。これは鶏に限らずあらゆる生物、人間も昆虫も、魚も鳥も地に這うもの全ての卵にそれぞれの種類に分かれるだけでなく、次の子孫を保つ機能と寿命も生き方もプログラムされているというのです。それを偶然にできていくのだというだけで済ませてよいのでしょうか。最近科学誌に記載されました、目に見えない細菌の鞭毛一つを見ても、高度なモーター組織と制御機能が知的に動作されていることが判明しました。であるならば、そのような知的判断がナノ（十億分の一）の極小世界の中に組み込まれた構造が、何から、どのように進化したのか、説明がいります。進化論者がいつも主張していますように、科学的に実験をし、証拠を提示してこそ、学説となるはずです。ところが多くの場合、一部分の形の類似点から想像、推測した話を、証拠もないのに、あたかも事実のように発表して名誉を得ようとする学者が多いのです。現在のように科学が発達していない時代の考えの中にいた、ダーウィンが唱えた進化論では、単細胞アメーバーから下等生物に進化し、そして高等生物になったと教えられたことは、遺伝子学の発達や分析能力の進歩から、

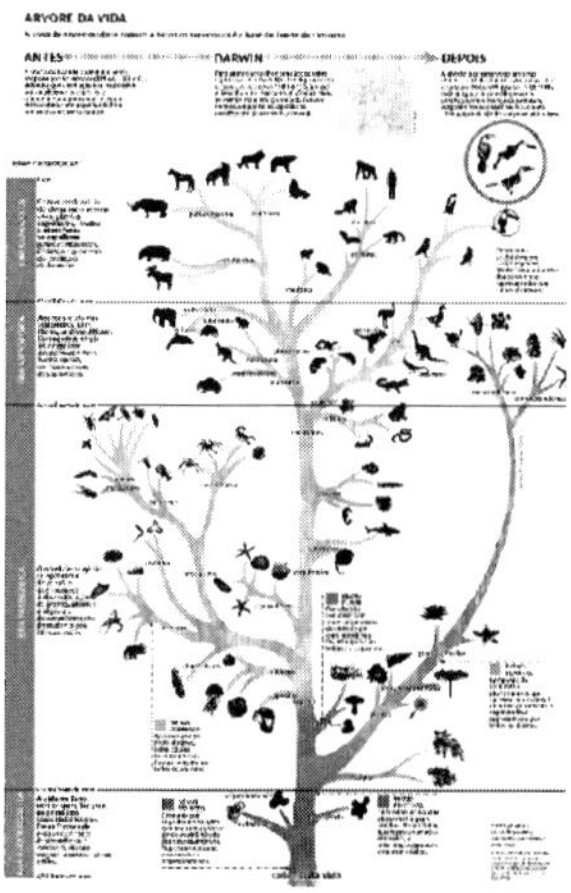

彼の未発達の科学時代に考えられた、主張する進化論は理屈が合わなくなっています。

私は昔から不思議と思っていた昆虫の進化を、進化論を唱える偉い学者先生方にメールで尋ねても一切返事をしていただけませんでした。何十億年前の化石に出てくるゴキブリや蚊は、二十一世紀の今も姿、形が変わらず、特に蚊などは高度な温度センサーを持ち、知能的な巧妙さで飛行し、秘かに人間を攻撃する吸血蚊として昔と変わらず今も飛んでいます。この素晴らしい能力を持った、小さいながらも完全に整えられた蚊に進化してきた祖先はいったい何なのでしょうか。何十億年前から変わっていないことを、なぜ説明がないのでしょうか？ほ乳生物に限ってだけ、進化を主張するのはなぜでしょう。この宇宙総てが同じ時間の経過、状況が変化する中であるならば、昆虫も細菌も植物も全てが進化し、ミカンがリンゴに変わるように、種が別の種に進化していくはずではなかったのではないでしょうか？実際に進化を説明するのに、種が変わることでなく、同じ種が変化しただけに過ぎないのではないでしょうか？事実、どの生物を見ても、魚が両生類に、猫が犬に、

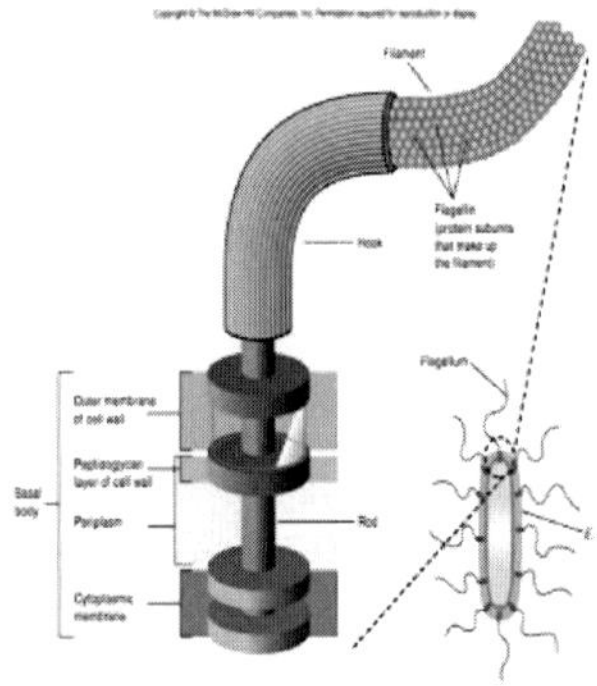

猿が人間に進化したという証拠は出てきません。一種の空想話ではないでしょうか。これらの疑問から、神による創造が判り始めますと、何か、この世界の仕組み、自然のバランスが無駄なく構成されていることが、判ってきたような気がしてきたのです。何よりも牧師となった私自身が、進化論者だったのに、宗教者になった不思議さと、神ならぬものを神としている宗教団体に、疑問を投げかけてみたかったのです。これは小説でも学術書でもありません。更に研究発表でもありません。断片的にでもお読みいただいて、ちょっと考えていただきたいだけのものです。願わくばこの小文を通じて、科学的に宗教を考えてくださり、「本当の宗教」とは何かに目覚め、愚かとも言える占いや迷信、ねつ造された心霊写真などに、心が動揺させられないで、日常生活を謳歌し、幸せな生き方ができる、そんな方々が数人でも生じていただくことです。最後に、終わりまでお読みいただきありがとうございました。神の祝福がありますように。

あとがき（信じるとは）

信仰は一度疑って信じよ。
霊的より科学的であれ。
超常現象より常識的であれ。

この文集を出すに当たって、多くの人から批判が出ると思っています。理由は従来から言われていることに対して、視点を変えて見た、ある意味での宗教批判が入っているからです。批判すれば、批判されることは充分に判っています。

それでも書く目的は、宗教が大嫌いだった私であったこと、科学的に証明されない観念だけの占いや、宗教世界が愚かと思っていた私が、牧師になったのは、冒頭に書いた「疑い」から始まり、「科学」的だったこと、「常識」を失わずに信じることが、

非常に重要だと言っておきたいからです。だからこそ、宗教が嫌いな人は、私と同じように、喰わず嫌いであると共に、自らは生きる目的すら知らないで、喜びを求めず、楽しみを求めている人が多いと考えたからです。しかし、本当の宗教とは素晴らしいものであることを知っていただきたい。そういう気持ちも含めて「宗教」について書かせていただきました。ところが現実の宗教団体の施設でやっていることを見ますと、実に演技ばかりで、いい加減な宗教があまりにも多いのにも気づきました。そこで、小さい時から負けず嫌いな私にとって、そんなものに惑わされないで欲しいという、なにくそ！と、やんちゃな（関西弁で、わんぱく的な意味）性格があり、牧師になった今でも、向こう見ずで、他人をかばうということがない、変な牧師でもあります。

　内容の調査については、便利なことに、インターネットで大体のことは調べられました。ほとんどの宗教施設もご自分のホームページを持っておられ、意見や自己紹介をしております。それ

らを見させていただきました。ですから表示された内容だけの判断であって、深く専門的に理解した上の判断ではありません。しかし第三者的に傍観することで、独善的にならず、他との比較吟味ができている面もあると思います。当然拝読させていただいたネットでの報告や内容そのものが、全部が正しいとは思いませんし、反対の立場の宗教の意見にも目を向けさせていただきながら、キリスト教の牧師として、「あれ？」と感じた疑問点をこの文で述べさせていただきました。キリスト教の立場に立つことは否めませんが、私としては、日本の大部分の宗教が、本来の教え、根本教義が曲解され、時代と共に新しい教義に関係のない儀式拝礼が付加され、語られていた本意から、的はずれの部分が多いのにも驚きました。賢い日本人として、変な占いや間違った宗教に心を動揺させられ、囚われていくことが残念でなりません。物質の基盤である分子元素が、時代と共に化学反応を変化させるとしたら、危なくて化学実験などしておられません。それと同じように、時代の変化に応じて、教理の真理、教義を変化させれば、ご都合主義の信用できないものになると思いますし、それは宗教が目指す真理ではなくなります。

その理由で、まずどの宗教がどんな変化を加え、根本から逸脱しているかを調べてみました。時代に応じて便乗主義的に適当に変化させる宗教はどれか、そして根源（根本教理）はどうであったのか、わずかな調査でありますが、そこから正しい宗教、教えは何なのかを、判断ができる知恵の一助となればとの思いで誰でも理解できる平易な日常語で書きました。ぜひ参考にしていただきたいのです。

その意味で、真理、教義は変化せず、時代にも迎合せず、開祖の真意である原典を忠実に守り、固執して、きっちりしているものが正しいと思いますので、現世利益を中心に動いている宗教が多くあり、信じるものは何でもよいという立場に立つことがいやでした。

そのことも含め、極力時間を割いて、他の宗教も学ばせていただきました。その中には、キリスト教の神学校（牧師になる学校）で学ぶ、比較宗教学から習得した調査のやり方を含め、調査の方向性も、それが基本になっていることは否めません。雑学的であれ、原典を調べて（宗教施設を見学して）学ばせていただいて書いております。

人類にルーツがあるように、宗教にもルーツがあります。いかなる宗教も根源を辿っていくと、不思議とメソポタミア地方の文化につながり、しかも一神教であったことを知ったのは、調べていて一つの驚きでもあります。

それが時代の変化と共に、環境や人口密度、社会構造、政治に応じて、その都度新しい宗教が生まれていることも判りました。その意味で、現在が一番宗教の種類が多い時代とも言えるでしょう。

つまり、多くの宗教は、過去に言われている真理に、他の宗教の教義を取り入れ、その要素を加味、アレンジして、時代のニーズに応えた、自分の都合のよい神を造り続けているのです。また、権力維持に都合のよい神の概念に教義をすり替え、道具として独裁者が宗教を民衆に強要して、拡大していったものも多くあります。顕著なのは、イスラム国がイスラム教を利用して、書かれてもいない聖戦と称して虐殺を行ったように、日本も侵略の道具として靖国神社なるものを作り上げ、宗教ではないのに参拝を強要し、拝礼をしない者を非国民として処罰を加え、戦争を拡大する道具にした実際の歴史も見えました。いずれも権力を有したいと願う個人が、希望する方向に情報を収集して、宗教をねつ造歪曲して用いるのです。その証拠を出そうとしても、隠蔽が茶飯事である宗教界に於いて、調べを続けて証拠を見ることは難しいことがほとんどでした。私の調査範囲の中で、記述しているその間違いを、指摘していただけることは大きな望みです。ただお願いすることは、誤りを指摘し、反論される場合、反対材料が、内部の発行資料だけでなく、外部の公的、世界に共用できる文書による歴史、科学的証拠がしっかりとしたもので、ご批判をいただきたいのです。私の著述も大半は人から聞いた話やしきたり、教えられたことが多く、資料がないものもあることで、不確かな部分があることは、認識しています。それを踏まえて反論、指摘される上に置いて、証拠となる資料を提示して、説明をいただけることは最高の喜びであります。

まず、冒頭に言いましたように、私がキリスト教を信じることになったのは、疑いからでした。クリスマスが処女降誕、イースターが死人のよみがえり、復活であることが、信じられませんでした。しかも、目に見えない神を信じよ、などと言われましても、だましだと思いました。しかし、今、日本人が考え、信じている八百万《やおよろず》の神でなく、天地創造の神として調べさせていただいて、科学が好きだった私にとりまして、ごく普通の自然の中に、神の存在を示す多くの証拠があったのでした。一例として、聖書の創世記という中に、自然は各種類ごとに創造され、種の保存の法則が書かれていました。私は単細胞の下等な生物から種が変化し、猿になり、人間が長い時間を得て進化したと教科書や、一般からも言われて信じておりました。ところが最新の科学、特に遺伝子学の顕著な進歩があり、今まで当時の偉い学者が言われていたことは、人間の想像、見地からの判断をもっての学説が公認されていました。ところが近年になって、科学分析ができる機

器の素晴らしい発達から、今までの学説が大きく覆っています。一番顕著な例は、ダーウィンが唱えた、進化論による学説の証拠であった類人猿の化石が、その全てがねつ造されていたものであったと判明されたことでした。遺伝子分析科学が格段に進歩し、人間が判断するのではなく、分析機械が正確に数値として表されるようになりました。そして類人猿というものは存在がなく、全ては猿種か、人類かに二分され、猿から人間が進化したという論法は間違いであったと明確にされてきました。

同じように、歴史考古学も分析機器の精巧さから教科書や文献が誤りであることが、言い出されてきています。その意味で宗教も原点に返り、成り立ちや時代の変化に迎合したものが作られていないかの吟味が必要ではないかと考えています。

あなたが今信じている宗教は本当に正しいものなのか、科学が進歩し、考古学も分析能力が進み、新しい遺跡の発掘や、過去の文献の調査が詳しく判るようになった現代。客観的に見て判断をするべき時ではないでしょうか？振り込め詐欺などに引っかかるのが、お年寄りに多いのは、調べるチェック機能をお持ちでないからだと思います。今、インターネットで容易に宗教について調べられます。宗教施設もホームページで紹介をしております。ただ、そこは勧誘のためですから、商売と同じで良い部分のみを記事にしております。しかし、そこに出てくる言葉や単語を、別のインターネットで検索することで、グローバルな意見を認識することができますし、そのホームページの内容が正しいか否かも探ることができます。その辺りに気を付けてご覧くださり、本当の宗教を見分けてくだされば幸いです。

著者：牧師アブシャロム・ヤコブ

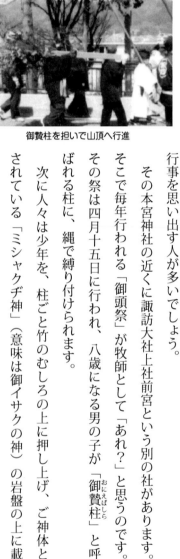

付　録

諏訪神社の御頭祭

長野県の諏訪神社といえば、七年に一度開催される「御柱祭」が有名です。テレビなど報道で見ると、大きな柱（五丈五尺＝約十六・八ｍ）の大木に、勇敢な男達がまたがり、崖を滑り落ちる、行事を思い出す人が多いでしょう。

御贄柱を担いで山頂へ行進

その本宮神社の近くに諏訪大社上社前宮という別の社があります。そこで毎年行われる「御頭祭」が牧師として「あれ？」と思うのです。その祭は四月十五日に行われ、八歳になる男の子が「御贄柱《おにえばしら》」と呼ばれる柱に、縄で縛り付けられます。

次に人々は少年を、柱ごと竹のむしろの上に押し上げ、ご神体とされている「ミシャクヂ神」（意味は御イサクの神）の岩盤の上に載せるのです。すると神社の神官が小刀を取り出して振り上げ、刺し

御贄柱

ご神体の「ミシャグヂ神」

殺そうとするのです。その時、別の所から使者が現れ、「殺してはならない、殺してはならない」と叫びながら、小刀を振り下ろそうとする神官を止めに入ります。そして身代わりに耳が裂けた鹿の首が屠られ、そこで少年は解き放たれて、行事は終了となるのです。

この祭の前には、「湛神事」（たたえしんじ）があります（湛とは、満潮、満たすの意味）。別名回り神とも言われていて、主役は、「神使」（おこう）という大祝（おおほり）の代理となった童男が、区画された町内を三方向に回ることから始まります。外県回りの湛神事の時には三日前より出発するというのです。その時の姿は、袖の長い紅色の袍（ほう、絹でできた朝服の上着のこと）を着て、御杖柱を背負い、首には綿の袋に納めた御宝をかけて出かけます。

当地におきましては、農作物の豊穣を祈る神事と言われていますが、この話を牧師が聞くと、すぐに他のことを考えます。それは旧約聖書の創世記という記事の中に、アブラハムという人物が、年老

曲刀と藤刀

身代わりになった耳裂鹿

いてできた可愛い一人息子を神にささげなさい（生け贄）という神の命令で、その子「イサク」を連れて、三日の間、モリヤの山（現在のイスラエルの国、エルサレムの丘）を目指して行く物語が記載されています。聖書の記事では、イサクに薪を背負わせて行くその姿、形態が同じなのです。

もう一つ不思議なことは、諏訪市にあるご神体のある場所は、前宮の所とは異なり、標高は海抜一六三一m、にある「守屋山」、モリヤの山なのです。前宮は八一五mにあり、イスラエルのエルサレムの丘もモリヤの山と言います。標高は八一七mで、前宮からの高さが、聖書のモリヤの山と不思議に同じになるのです。現在のエルサレムの丘は、イスラム教の聖地の一つで、岩のドームと言われています。その中心の聖なる場所は岩盤そのものなのです。そこで、イサクがささげられたことになっています。

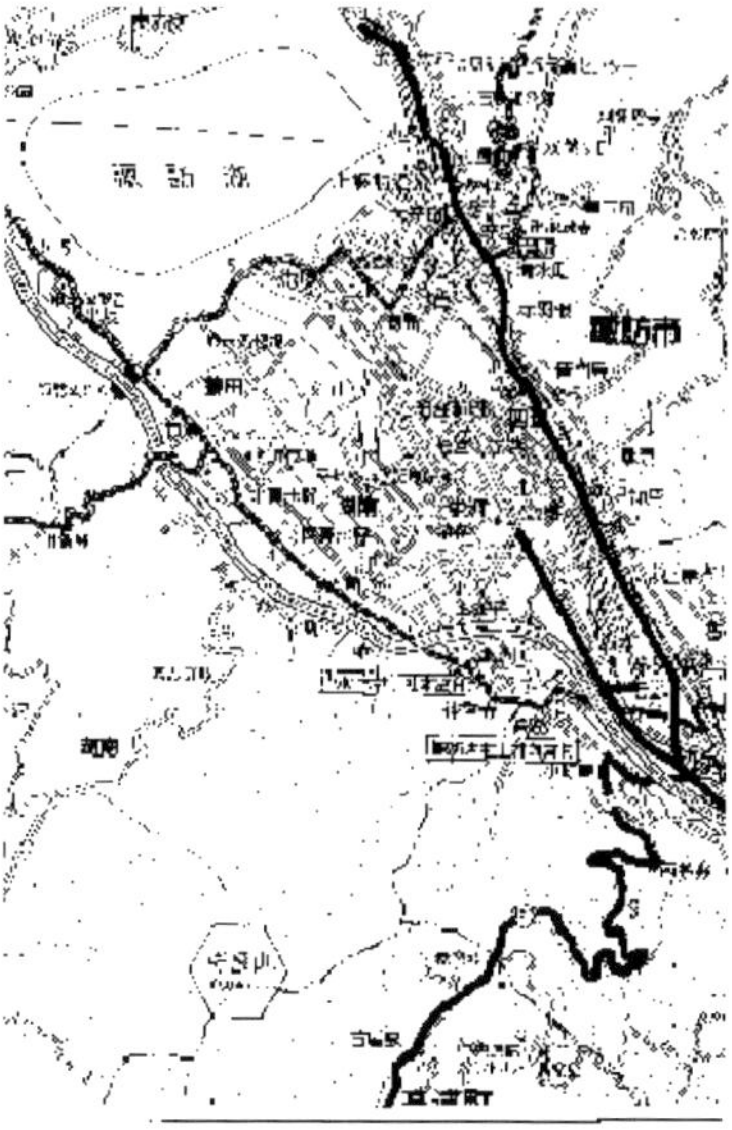

これらの行事の意味は、諏訪神社の歴史博物館、守矢資料館の館長さんさえもご存じないくらい、古い時代から継承されていた行事だそうです。

イサクの身代わりになった鹿は、昔は七十二頭の鹿の首を切り落とすことになっていたそうです。それはあまりに残酷なことで、明治から禁止になったそうですが、聖書物語では、薮に角がからまっていた「ひつじ」になっています。しかし、大昔の日本には羊がいなかったと思います。そのために、代わりに角がある鹿が、象徴的に用いられたとしか考えられません。

なぜ、聖書と同じような出来事が、遠く離れた東の果て日本に、今も行事として残り、意味不明であっても続けられているのか、不思議でなりません。牧師として、あれ？と思うのです。

日本各地の神社行事の中には、聖書に記された祭や象徴的なシンボルが多く見受けられるという話を聞きます。これを日本人として、またクリスチャンにとって、どう解釈をするのかは、問題があるでしょう。しかし、現実に聖書物語と同一の物語が、日本にあることは、何を意味するのでしょうか。大昔にユダヤ人が日本に来ていたのでしょうか。「日本の宗教に、あれ？」と思うことは、牧師だけではないと思います。参考に旧約聖書　創世記二十二章一節から十九節までお読みください。

参考書、引用本

題　名		著　者	発行人	発行所
日本「宗教」総覧	別冊歴史読本事典シリーズ二七		菅　英志	新人物往来社
世界三大教祖	歴史読本第三四巻第二号			
世界　謎の宗教集団体	歴史読本第三二巻第十八号			
異端の教団	歴史の闇に封印された異端宗教の扉を開く		藤森健二	洋泉社ＭＯＯＫ
いまどきの神さま	別冊宝島一一四号		蓮見清一	ＪＩＣＣ出版局
人はなぜ宗教を必要とするのか		阿満利満著	菊池明郎	筑摩書房
世界宗教ものがたり		訳・荒木美智雄	矢部敬一	創元社
新　宗　教		梅原正紀著	菊池康博	現代書館
神々の精神風土	日本人の宗教観を探る		守部喜雅	いのちのことば社
日本の新興宗教と民俗宗教		森山　諭著		ニューライフ出版社
福音主義神学28	特集「人間の宗教性」	櫻井圀郎、川口一彦、他著		日本福音主義神学会

クリスチャンのための諸宗教ハンドブック　井出定治・稲垣久和共著　いのちのことば社
日本の宗教と慣習　池田 豊著　ミニストリー・フォー・クライスト社
文脈化教会の形成　福田充男著　ハーベスト・ミニストリーズ
景教のたどった道　川口一彦著（新聞切り抜き）　キリスト教新聞社
大法輪　はじめてのキリスト教　仏教理解を深めるために　石原大道　大法輪閣
神道と仏教をただす　日本人の宗教意識　森山 諭著　荻窪栄光教会
浄土真宗はなぜ日本でいちばん多いのか　島田裕巳著　見城 衛　幻冬舎
日本人と祖先崇拝　橋本 巽著　いのちのことば社
信教の自由と日本の教会　井戸垣彰著　いのちのことば社
親鸞よりキリストへ　田中芳三著　クリスチャングラフ社
現代ニッポンを宗教で問う　前野和久著　日本放送出版協会
ほんとうの宗教とは 青の巻　ひろさちや著　唐津 隆　ビジネス社
黒い宗教　その実態と悪の構図　石井岩重著　近藤義一　AA出版
ザ・神道　戸矢 學著　近藤義一　AA出版

神道の本　（八百万の神々がつどう秘技的祭祀の世界）　太田雅男　学習研究社
神社と神々　井上順孝著　増田義和　実業之日本社
古代天皇家と宗教の謎　（歴史読本臨時増刊号）　管 英志　新人物往来社
神道のルーツとユダヤ　久保有政著　レムナント出版
侵略神社　靖国思想を考えるために　辻子 実著　高二三　新幹社
天皇恐るべし　小室直樹著　鈴木琢二　ネスコ（文藝春秋）
沖縄の宗教・土俗　照屋寛範著　照屋ヨシエ
大本案内　大本本部
大本襲撃　（出口すみとその時代）　早瀬圭一著　梁瀬誠一　毎日新聞社
生きがいの確信　出口日出麿著　出口文営　不声社
デンボの神さん　いしきり　木積一仁著　瀬川清夫　日新報道
異教世界のキリスト教　櫻井圀郎著　いのちのことば社
仏教人物の事典　増田秀光他著　中村雅夫　学習研究社
日本「キリスト教」総覧　別冊歴史読本　吉成 勇著　管 英志　新人物往来社

誤解だらけの仏教　秋月龍珉著　中山萩子　柏樹社
仏教とキリスト教　久保田周著　いのちのことば社
仏教からキリスト教へ　亀谷凌雲著　松井直　福音館書房
仏教を通ってキリストへ　小島十二著　芦屋川教会
地獄の思想　梅原猛著　山越豊　中央公論社
日本の宗教行事にどう対応するか　藤本正實著　いのちのことば社
葬儀屋さんの胸の内　尾出安久著　君島志郎　朝日ソノラマ
墓をめぐる家族論（誰と入るか、誰が守るか）　井上治代著　下中直人　平凡社
お骨のゆくえ（火葬大国ニッポンの技術）　横田陸著　下中直人　平凡社
キリスト教と日本人　井上章一著　野間佐和子　講談社
モラトリアム人間の時代　小比木啓吾著　高梨茂　中央公論社
改正　宗教法人法の解説　中村隆夫著他　新日本法規出版
日本・ユダヤ封印の古代史【上下巻】　ケン・ジョセフ、久保有政著　徳間書店
神に愛された国・日本　久保有政著　レムナント出版

参考書、引用本

古代日本・ユダヤ人渡来伝説　坂東 誠著　江口克彦　PHP研究所

古代ユダヤ人と聖徳太子の謎　月海千峰著　阿部林一朗　日本文芸社

古代ユダヤで読み解く物部氏とアークの謎　飛鳥昭雄・杣浩二著　文芸社

「竹内文書」の謎を解く　封印された超古代史　布施泰和著　田中亮介　成甲書房

「竹内文書」の謎を解く②　古代日本の王たちの秘密　布施泰和著　田中亮介　成甲書房

京のキリシタン史跡を巡る　杉野 榮著　中桐信胤　三学出版

江戸の歴史は隠れキリシタンによって作られた　古川愛哲著　鈴木 哲　講談社

河内キリシタン人物伝　神田宏大著　いのちのことば社

月刊　レムナント　数冊　久保有政主筆　レムナント出版

本当の宗教の見分け方　日本の宗教の あれ？

2020 年 2 月 10 日　初版発行

著　者　　アブシャロム・ヤコブ
発行者　　穂森宏之
発　行　　イーグレープ
〒 277-0921 千葉県柏市大津ヶ丘 4-5-27-305
TEL:04-7170-1601　FAX:04-7170-1602
E-mail:p@e-grape.co.jp
ホームページ　http://www.e-grape.co.jp

乱丁・落丁本はお取り替えいたします

ISBN 978-4-909170-18-7 C0016